# CÓMO CURA EL YOGA

# CÓMO CURA EL YOGA

Stella Weller

# ÍNDICE

# INTRODUCCIÓN

Un médico encaja un hueso roto o une los bordes de una herida y los cierra bien con la sutura. Otro médico receta un medicamento para detener la evolución de una enfermedad que nos da miedo; pero es el cuerpo, no el médico, el que lleva a cabo la curación propiamente dicha.

Sin tener en cuenta la causa de la lesión, la curación sigue un curso previsible que puede dividirse en cuatro fases: respuesta vascular, inflamación, proliferación y reconstrucción. Al cabo de unos segundos de producirse una lesión, el cuerpo empieza la primera de estas fases para controlar la hemorragia y limitar la propagación de la infección. Los vasos sanguíneos se contraen, empieza la coagulación y se ponen en marcha diferentes procesos de protección y curación. Las otras tres fases siguen a la primera de una forma perfectamente sincronizada hasta que la estructura y función de los tejidos dañados se han reparado y recuperado, y el equilibrio del sistema de curación se ha restablecido.

El sistema de curación se compone de todos los sistemas del cuerpo, como los sistemas inmunológico y nervioso, y también de componentes fisiológicos, como la mente o la respiración. Y si los tratamientos como los que receta un médico funcionan, es porque activan los mecanismos que tenemos dentro.

Cuando estamos lesionados o sufrimos un problema de salud, la colaboración entre nosotros y el profesional sanitario (un médico u otro profesional cualificado) generalmente ofrece muchas posibilidades de obtener un resultado satisfactorio. Por lo tanto, no subestimemos lo que nosotros, como individuos, podemos hacer para contribuir a este trabajo conjunto. Dondequiera que estemos, en nuestro interior tenemos recursos naturales, aunque a menudo infrautilizados, que pueden estimular la salud y la curación: el cuerpo, la mente y la respiración. Estos tres componentes de la persona forman parte del punto central de la disciplina centenaria del yoga, y el libro *Cómo cura el yoga* le mostrará cómo hacer que actúen para usted, de una forma segura, eficiente y agradable.

Hace más de 5.000 años, en la India, nació una filosofía conocida como el *yoga*. La palabra «yoga» viene del sánscrito y tiene varios significados, entre ellos «yugo» y «unión». Supone una integración de cada aspecto del ser humano en un todo armonioso.

Los principios del yoga se transmitieron verbalmente de maestros a estudiantes. Unos 3.000 años después, un sabio indio llamado Patanjali recopiló estas enseñanzas en una obra clásica llamada *Yoga Sutras*. Esta guía proporcionó el marco para la práctica del yoga en nuestros días.

El libro tiene algo que ofrecer a todo el mundo, sea cual sea su edad o sexo. El yoga puede ser muy beneficioso para las mujeres embarazadas, pero antes deberían pedir el consentimiento del médico.

Para los educadores sanitarios y los monitores de mantenimiento físico también será un recurso útil. Y aunque no se esté recuperando de una enfermedad o lesión, puede utilizar los ejercicios y procedimientos para mejorar el rendimiento en el deporte, la danza profesional y otras actividades, o para adquirir más resistencia y aumentar la capacidad de realizar cualquier esfuerzo. Disfrute los ejercicios y saboree los beneficios para la salud que obtendrá con ellos.

# El árbol del yoga

En la antigüedad, el yoga se comparaba con un árbol con seis ramas: *bhakti, hatha, jñana, karma, raja* y *tantra*. Cada rama representaba una filosofía de vida concreta. La mayoría de la gente de las sociedades industrializadas de todo el mundo practica el *hatha* yoga hoy en día. «*Ha*» significa «sol» y «*tha*» significa «luna».

Así pues, el *hatha* yoga puede considerarse una unión de elementos contrarios para crear un equilibrio. El sistema del *hatha* yoga (que de ahora en adelante denominaremos simplemente *yoga*) puede dividirse, a efectos prácticos, en cinco partes: *asanas, pranayama,* ejercicios de meditación, ejercicios de relajación y ejercicios de purificación.

## 1. Asanas

Las *asanas* del yoga, que en general se consideran ejercicios físicos, son más exactamente «posturas cómodas de mantener». Se trata de movimientos o series de movimientos con los cuales los grupos musculares se activan y vigorizan. La manera en que se hacen requiere poco esfuerzo: se puede obtener un gran rendimiento físico con un gasto mínimo de energía.

En cada *asana* se contraen algunos grupos musculares y se relajan los músculos opuestos. Si se hace lentamente y con control, aumenta la conciencia de hábitos posturales incorrectos y tensiones musculares innecesarias.

Una vez terminada la postura (ejercicio), se anima a la persona que la practica a visualizar los efectos beneficiosos, primero en los músculos y otras estructuras de fuera del cuerpo y luego, a su vez, en los órganos y tejidos internos.

Cada postura activa todos los músculos y articulaciones de una determinada parte del cuerpo. En consecuencia, los músculos que tienden a atrofiarse por la falta de ejercicio regular ahora están tonificados y reciben más cantidad de sangre, y las articulaciones se mueven libremente porque dejan de estar rígidas.

En muchas *asanas*, la columna vertebral (espina dorsal) está sujeta a una suave tracción, por lo que se libera la tensión de los discos y nervios vertebrales. El aumento de la flexibilidad de la columna vertebral puede llevar a una reducción del dolor y otras molestias, además de mejorar la postura.

La respiración sincronizada, que debe hacerse durante la ejecución de todos los ejercicios, asegura que se reparta bien el oxígeno a los músculos activos. El hecho de centrar la atención completamente en la realización de los ejercicios tiene un efecto tranquilizante sobre el sistema nervioso, que aporta una sensación de calma y control.

La combinación de estos beneficios, mediante una práctica regular, tiene como resultado el fortalecimiento del cuerpo y la mente y el mantenimiento del bienestar. Sin embargo, si tiene algún problema de salud, la práctica regular de las *asanas* contribuirá enormemente a reforzar su sistema de curación para facilitar la recuperación.

## 2. Pranayama

Los ejercicios en los que se controla la respiración de forma voluntaria se denominan en conjunto *pranayama*. Tiene la ventaja de que el sistema respiratorio es el único sistema del cuerpo que es voluntario e involuntario.

La principal función del sistema respiratorio es proporcionar oxígeno para las necesidades metabólicas del cuerpo y sacar el dióxido de carbono de los tejidos. La respiración funciona muy estrechamente con la circulación. A través de la circulación los tejidos reciben oxígeno y nutrientes, y el cuerpo se protege de agentes de enfermedades.

Debido a la estrecha colaboración entre los sistemas respiratorio y circulatorio, las técnicas que nos enseñan a respirar con eficacia sin duda nos ayudarán a funcionar en plena forma cuando estemos bien. Y cuando estemos enfermos, aumentarán al máximo las posibilidades de recuperarnos satisfactoriamente potenciando el sistema de curación.

La relación entre la respiración y las emociones es indudable. Es más evidente cuando las emociones son intensas. En la ira, por ejemplo, la respiración suele ser rápida y superficial, y en la tristeza puede parecer un sollozo. En la ansiedad, especialmente si es acusada, la respiración puede ser tan rápida que raye en la hiperventilación (véase p. 50), con síntomas como palpitaciones del corazón y sensación de mareo.

Durante los períodos de estrés, o «lucha o huida», la respiración y el corazón se aceleran como respuesta a la activación del sistema nervioso simpático. Sin embargo, si reducimos intencionadamente el ritmo de la respiración podemos contribuir a provocar una respuesta del sistema nervioso parasimpático y la correspondiente sensación de calma.

El yoga nos prepara para adquirir y perfilar las técnicas de respiración consciente y voluntaria para ayudarnos a ejercer cierto control sobre una función que pensábamos que sólo era involuntaria. Es sumamente poderoso. Nos prepara para hacer frente a una amplia variedad de factores estresantes, entre ellos el dolor y la ansiedad.

El yoga nos enseña a respirar con eficacia, con el mínimo esfuerzo para tener la máxima entrada de oxígeno. Y de esta manera, cuando nos ponemos enfermos, esta técnica nos permite aumentar al máximo nuestra capacidad de curación.

## 3. Ejercicios de meditación

La meditación es una herramienta natural para relajar la mente sin atenuar la conciencia. Los médicos describen el estado meditativo como un estado de «vigilancia tranquila», lo cual puede parecer contradictorio.

Para decirlo de forma sencilla, cuando estamos dormidos, la conciencia se desvanece, el consumo de oxígeno disminuye y el ritmo del corazón se vuelve más lento. En cambio, cuando estamos despiertos, normalmente estamos atentos, el consumo de oxígeno aumenta y el ritmo del corazón se acelera. Estos estados opuestos se unen durante la meditación, de manera que aunque estemos muy relajados, estamos conscientes y tenemos la mente clara. Ello deriva en una sensación de paz.

Los ejercicios de meditación nos ayudan a mantenernos en el presente. Estados como la ansiedad o la depresión, por ejemplo, representan preocupaciones por acontecimientos pasados y futuros. Los ejercicios de meditación nos ayudan a adquirir una perspectiva más realista.

La meditación también es un tranquilizante natural. A diferencia de los equivalentes químicos, nos ayuda a adentrarnos profundamente en nosotros mismos para identificar el origen de nuestros trastornos y llevarlos a la superficie para examinarlos y solucionarlos más fácilmente.

La mayoría de ejercicios de meditación utilizan la respiración como un recurso central (véase la respiración del zumbido de la abeja, p. 48). En muchos de los ejercicios también se emplea la visualización, o la formación de imágenes en la mente. Esto se hace intencionadamente, a diferencia del hecho de soñar despierto, que suele ser sin un objetivo concreto y de forma pasiva. La visualización puede influir en funciones que antes se pensaba que eran totalmente de control involuntario, como el ritmo del corazón, la tensión arterial y la circulación de la sangre a varias partes del cuerpo. También puede ayudar a acelerar la curación de heridas, el dolor de garganta y otras afecciones.

En los ejercicios de meditación del yoga también se utiliza la imaginación, en que se emplean uno o más sentidos como el tacto, el oído y el olfato, además de la visualización. La capacidad de imaginar a veces se utiliza con el fin de preparar a los pacientes para ciertos procedimientos médicos y con objeto de aliviar el dolor y la ansiedad. Para ver ejemplos sobre el uso de la imaginación, véase la postura del cadáver (pp. 62-63).

## 4. Ejercicios de relajación

La relajación es quizá el requisito indispensable más importante para curar cualquier afección. Los músculos que cubren la estructura ósea del cuerpo (músculos del esqueleto) rara vez están en un estado de reposo completo. Siempre guardan un cierto grado variable de tensión. Esto se conoce como «tensión basal» o «tono muscular».

Los músculos del esqueleto, que están bajo un control voluntario, están estrechamente relacionados con las estructuras internas mediante una red del sistema nervioso. Por lo tanto, las medidas que se toman para reducir el tono muscular de los músculos pueden ser efectivas para relajar los órganos internos. Por ejemplo, un ligero masaje en el abdomen puede ayudar a aliviar el dolor u otras molestias en el estómago y los intestinos. Actúa estimulando las terminaciones nerviosas en la superficie del cuerpo e impidiendo la percepción del dolor. También ayuda a reducir la tensión y el espasmo muscular que intensifican el dolor, y a mejorar la circulación sanguínea y la eliminación de excrementos.

Otra forma de reducir el tono muscular de los músculos del esqueleto es mediante la realización de estiramientos suaves como los de las *asanas* del yoga. El funcionamiento es muy parecido a cuando se estira un muelle y luego vuelve a un estado de reposo. Estirar los músculos y mantener brevemente el estiramiento elimina las contracturas y permite que la sangre circule libremente para repartir el oxígeno y los nutrientes a los tejidos. También mejora la circulación linfática para eliminar las sustancias que producen la fatiga. Cuando se dejan de estirar los músculos, el tono muscular se reduce considerablemente. La reducción del tono muscular hace que se conserve una gran cantidad de energía que si no se desaprovecharía, de esta manera se combate la fatiga y aumenta el rendimiento.

Dado que los estados psicológicos influyen en la tensión muscular, reducirla tendrá un efecto sobre cómo nos sentimos. Por ejemplo, cuando estamos ansiosos, los músculos de varias partes del cuerpo, como la cara, la mandíbula, el cuello, las manos y la parte inferior de la espalda, se tensan innecesariamente. Este aumento de la tensión muscular ejerce presión sobre los nervios subyacentes y puede provocar dolor y otras molestias. También aumenta la actividad del corazón y los pulmones porque la respiración se ve inevitablemente afectada.

Está demostrado que una manera de romper este ciclo de ansiedad-tensión-dolor es utilizando la respiración (véase *pranayama*, pp. 8-9).

### Técnicas de relajación

Las técnicas de relajación locales se centran en grupos concretos de músculos en zonas del cuerpo en las que la tensión parece dirigirse y acumularse. Realizar periódicamente a lo largo del día ejercicios de calentamiento para el cuello, los hombros, las manos y los tobillos (véanse ejercicios de calentamiento, pp. 23-27) es muy efectivo para relajar el tono muscular.

La relajación sistémica elimina la tensión innecesaria de todo el cuerpo de una manera secuencial y progresiva. Puede que no haya un ejemplo mejor de este tipo de relajación que la tradicional postura del cadáver (*savasana*), que se describe detalladamente en las páginas 62-63.

## 5. Ejercicios de purificación

Nuestro cuerpo tiene la capacidad de eliminar varias toxinas a través de los órganos excretores, que se componen de la vejiga urinaria y los riñones, el colon, los pulmones y la piel. Los conductos lacrimales (lagrimal) de los ojos también son excretores y cuando se infectan pueden aparecer quistes y tumores.

### Kriyas

Tradicionalmente en el yoga había seis ejercicios de purificación, llamados *kriyas*, para ayudar al organismo a eliminar sustancias tóxicas acumuladas. Principalmente en estos ejercicios se trabajaba el sistema respiratorio, el sistema gastrointestinal (estómago e intestinos) y los ojos.

Sin embargo, a causa de su complejidad, estos ejercicios de higiene se han modificado para que sean más fáciles de realizar para los practicantes de yoga de hoy en día. Aparte de ser útiles para mejorar las funciones excretoras, ayudan a fortalecer los tejidos y a prevenir las infecciones. Son un complemento útil a las otras técnicas del yoga que hemos mencionado anteriormente.

Para obtener más información sobre cuatro de estos procedimientos, véanse «Lavado de ojos» (p. 122), «Limpieza de la lengua» (p. 122), «Limpieza nasal» (pp. 55 y 122) y «Concentración en una vela» (p. 65).

El yoga se ha convertido en una disciplina sumamente fiable y respetada, no sólo por personas inexpertas sino también, cada vez más, por médicos y otros profesionales de la salud. De hecho, es la base de muchos programas de reducción del estrés y promoción de la salud. Los fisioterapeutas y monitores de mantenimiento físico basan muchos de sus ejercicios en el yoga, igual que los educadores que preparan a las mujeres para el parto.

### Estilo de yoga

El estilo de yoga que mejor representa los ejercicios que se presentan en este libro es el *viniyoga*. Este estilo, que empezó a practicar el difunto T. Krishnamacharya y promovió su hijo T.K.V. Desikachar, puede describirse más exactamente como el arte de la práctica personalizada. El *viniyoga* se caracteriza por la adaptación de los ejercicios a las necesidades y capacidades de la persona, en lugar de que la persona se adapte a los ejercicios. Las *asanas* (posturas) se realizan de manera lenta y consciente, y se sincronizan con una respiración rítmica.

### Qué no es el yoga

Todavía hay algunas personas desinformadas que identifican el yoga con la religión. Pero aunque el yoga se desarrolló junto con el hinduismo y otras religiones, nunca ha sido una práctica religiosa. Sin duda alguna no es sectario y muchas personas de diferentes religiones lo practican con toda confianza. Pero si todavía no le gusta del todo esta palabra, le puede ser útil pensar que el yoga es un magnífico conjunto de técnicas vitales que le ayudan a hacer frente al estrés, a conseguir una salud óptima y a recuperarse si ha tenido algún problema de salud.

# PARTE 1: PARA EMPEZAR

Ahora que sabemos en qué consiste el yoga y cómo poner en práctica sus diferentes disciplinas, ya estamos preparados para empezar a hacer los ejercicios. Póngase en situación olvidándose durante un breve período de tiempo de las preocupaciones cotidianas. Una los recursos físicos con las propiedades mentales como la atención y la capacidad de visualizar, y con elementos no tangibles como la respiración y la fe en la sabiduría infinita del maravilloso sistema de curación del cuerpo.

Como es posible que lo practique por su cuenta, sin supervisión, los ejercicios y procedimientos de este libro se han seleccionado cuidadosamente pensando en su seguridad. No obstante, antes de intentar hacerlos consúltelo con el médico u otro profesional sanitario para asegurarse de que puede realizar las técnicas.

## Cómo utilizar este libro

La principal parte del libro es la parte 2: «El poder curativo del yoga» (pp. 28-123), que se divide en varios apartados que abarcan muchas afecciones y problemas de salud comunes. En cada apartado hay varios ejercicios recomendados que ayudan a aliviar y estimular la curación de estos problemas concretos.

Si tiene una afección que se expone en la parte 2, tómese unos minutos para leer lo que se dice de ésta, para que pueda entenderla o refrescar la memoria. A continuación mire los ejercicios que se aconsejan. Con el consentimiento del médico o de otro profesional sanitario cualificado, intente poner en práctica las instrucciones que se indican, pero naturalmente modifique los ejercicios de acuerdo con sus necesidades concretas y nivel de funcionamiento.

Si está bien de salud y quiere mantenerla, vea la parte 3 (p. 124), en la que hay varias tablas de ejercicios, de 5 a 20 minutos de duración, apropiados tanto para hombres como para mujeres. Escoja una que crea que será compatible con su horario actual y otras necesidades personales. Si lo desea, puede adaptar los ejercicios que haya escogido según sus necesidades concretas. Sin embargo, procure practicar regularmente los que haya decidido hacer: todos los días si puede, pero por lo menos en días alternos para obtener el máximo beneficio de la sesión. Incorpore ejercicios en las actividades cotidianas donde sea posible, en casa o en el lugar de trabajo. Algunos de los ejercicios de calentamiento y respiración (como la respiración antiansiedad, p. 60) son apropiados para este fin.

En esta sección también hay tablas de ejercicios para mujeres que están embarazadas o que acaban de dar a luz. Sea cual sea su estado de salud, sin duda le será útil leer la información previa de la introducción (pp. 6-11) y el resto de este capítulo. Entenderá mejor por qué el yoga es tan beneficioso y cómo actúan la respiración, la relajación y los ejercicios de purificación para estimular el sistema de curación.

Antes de intentar hacer cualquier ejercicio, es imprescindible que lea las tablas de ejercicios de calentamiento y relajación (pp. 22-27).

## Qué ropa debemos llevar

Para disfrutar al máximo de los ejercicios de yoga, tenemos que sentirnos cómodos. Tenemos que poder movernos y respirar libremente. Sin embargo, no debemos llevar ropa muy larga u holgada que nos haga tropezar o nos dificulte los movimientos. Llevar el pelo largo suelto puede ser motivo de distracción, y es mejor evitar llevar una cola que haga presión sobre la nuca.

Quítese los complementos que puedan apretarle, dañarle o hacerle sentir incómodo, como gafas, joyas o un cinturón ajustado. Cuando haga los ejercicios durante los descansos en el trabajo, aflójese la ropa un poco, para facilitar la respiración y los estiramientos. Cuando haga la relajación después de la sesión de ejercicios, tenga cerca una manta ligera, un jersey y unos calcetines gruesos por si le entra frío.

## Dónde practicarlo

Una de las ventajas del yoga es que puede practicarse en diferentes sitios, dentro o al aire libre. Algunas técnicas, como los ejercicios de respiración (por ejemplo, la respiración con los labios fruncidos, p. 54), pueden hacerse incluso mientras se viaja. Otros ejercicios pueden practicarse en espacios limitados, como los estiramientos del cuello (p. 23), e incluso otros, como el ejercicio del suelo pélvico (p. 77), pueden hacerse sin que los que nos rodean se den cuenta.

De ser posible, el sitio donde practique los ejercicios debería ser tranquilo y bien ventilado. Cuando los realice en casa, pida a sus familiares que no le interrumpan durante la sesión de ejercicios.

Practíquelos en una superficie llana. Si es dentro, coloque una esterilla antideslizante en el suelo liso. Esta superficie la denominaremos «esterilla» en las instrucciones de los ejercicios.

## Cuándo practicarlo

El yoga se puede practicar en cualquier momento. Puede integrar algunos de los ejercicios en su horario diario, aunque esté muy ocupado, en casa o en el trabajo. Incluso puede practicar algunas de las técnicas mientras viaja o en el aeropuerto mientras espera para embarcar.

Puede realizar algunos ejercicios cuando se despierte por la mañana para contrarrestar la rigidez de las articulaciones y estimular la circulación. Si se siente especialmente agarrotado, tomar una ducha o un baño templado (no caliente) antes de practicar los ejercicios le puede ir bien para estirarse y flexionarse. Puede hacer una tabla de ejercicios antes de acostarse (véase «Trastornos del sueño», p. 110) para favorecer un sueño reparador. Para algunas personas, el momento más apropiado para practicarlo es antes de desayunar. Otras, en cambio, necesitan tomar un vaso de zumo o una tostada para compensar el bajo nivel de azúcar en la sangre que hay después de dormir toda la noche. En general, el mejor momento para practicar una sesión de yoga es dos o tres horas después de comer, depende de la cantidad y el contenido que se haya ingerido. Puede practicarse una hora después de tomar un tentempié ligero.

Si hay una determinada secuencia de yoga que le gusta, procure hacerla todos los días si puede. Si no es posible, hágala sin falta en días alternos para no perder los beneficios obtenidos en la sesión anterior.

Puede que se sienta más cómodo si hace los ejercicios después de vaciar la vejiga y quizá también el intestino. A algunas personas también les gusta limpiarse la lengua y los conductos nasales (véanse pp. 55 y 122) antes de realizar una sesión de ejercicios de respiración.

## Cómo practicarlo

Es fundamental realizar un calentamiento adecuado antes de la sesión de ejercicios para evitar esguinces y lesiones. En las páginas 22-27 encontrará una selección de estos ejercicios.

## Precauciones

Tal como hemos comentado en la página 14, si padece alguna afección o tiene problemas de salud, consulte a su médico antes de intentar realizar los ejercicios y procedimientos de este libro.

No debería sentir dolor mientras hace un ejercicio. Al primer indicio de dolor, pare. Puede que esté haciendo el ejercicio mal o que no sea el apropiado para usted en este momento. Además de la lista que se expone a continuación, preste atención a las otras advertencias y contraindicaciones que se dan en determinados ejercicios.

- Si hace poco que le han operado, puede que algunos de los ejercicios no sean apropiados para usted. Consúltelo con el médico.

- Cuando reanude los ejercicios después de un período de enfermedad o inactividad, hágalo de forma gradual. Consulte al médico o fisioterapeuta.

- Si piensa hacer una sesión enérgica justo después de despertarse por la mañana, asegúrese primero de hacer bien el calentamiento. Mientras dormimos, los discos vertebrales absorben más fluidos, por lo que se vuelven más vulnerables de lo normal a las compresiones y posibles daños.

- Si es una persona mayor, o le han diagnosticado osteoporosis (pp. 40-41), puede ser propenso a sufrir una fractura si se cae. Preste atención y tenga especial cuidado cuando haga ejercicios de equilibrio, como la postura del árbol (pp. 42-43). También algunos ejercicios de flexión hacia delante como la postura del arado (p. 85) están contraindicados si tiene osteoporosis, ya que pueden ocasionar fracturas de compresión u otros daños a los huesos vertebrales. Consúltelo con el médico.

- Si tiene una dolencia auditiva u ocular, evite la práctica de posturas invertidas, como la postura sobre los hombros (p. 84) y la postura del perro (p. 58), que también forma parte de la secuencia de saludo al sol (pp. 89-91). Evite también las posturas invertidas si tiene la tensión arterial alta (p. 61), una afección cardíaca o cualquier dolencia que produzca sensación de mareo cuando se inclina la cabeza hacia abajo.

- También es mejor no realizar posturas invertidas durante el período menstrual.

- Evite realizar respiraciones abdominales rápidas, como en la respiración dinámica purificante (p. 87) si tiene antecedentes de epilepsia, tensión arterial alta o una enfermedad cardíaca.

- Si tiene una hernia, evite hacer la postura de la cobra (p. 86), que también forma parte de la secuencia de saludo al sol (pp. 89-91).

- Si tiene varices o coágulos venosos, evite practicar la secuencia de saludo al sol (pp. 89-91); evite permanecer durante mucho rato en la postura en cuclillas (p. 45) o sentado con las piernas cruzadas como en la postura fácil (p. 19).

## Embarazo

Si está embarazada, consulte a un profesional sanitario (médico de familia, tocólogo, comadrona o fisioterapeuta) antes de intentar practicar alguno de los ejercicios de este libro.

- No realice las *asanas* durante el primer trimestre (tres meses) si tiene antecedentes de aborto (si ha tenido un aborto o una amenaza de aborto). No realice la respiración dinámica purificante (p. 87).

- Evite hacer ejercicios que le resulten incómodos o molestos.

- Evite hacer ejercicios boca abajo (tumbada sobre el abdomen), como la postura de la cobra (p. 86).

- Después del primer trimestre, evite hacer ejercicios en los que sea necesario tumbarse de espaldas, como el puente (p. 38). Esta postura puede limitar el fluido de sangre y oxígeno a la madre y al feto, ya que se ejerce presión sobre la vena cava de la madre (la principal vena) y, por lo tanto, se limita el riego sanguíneo de la parte inferior del cuerpo.

## Las *asanas*

Las *asanas* del yoga (posturas o ejercicios físicos) se realizan de manera lenta y concentrada, sincronizadas con una respiración rítmica. Una vez realizada una postura, se mantiene la posición durante un tiempo variable, depende de lo cómoda que esté la persona. Cuando se finaliza la postura, se realiza el mismo movimiento (o movimientos) de forma lenta y concentrada, también sincronizado con una respiración rítmica.

Es importante estar concentrado mientras se practican las *asanas*. Asegura un control de la posición y el movimiento en todo momento y ayuda a evitar lesiones.

Las *asanas* pueden considerarse un tipo de meditación en acción debido a la concentración que se requiere cuando se realizan. En los ejercicios de meditación (pp. 9-10) a menudo se incorporan la respiración y la imaginación, igual que en las *asanas*. Cuando se encuentra en la fase de mantenimiento de la posición de un ejercicio (en las instrucciones se indica como «mantener»), puede valerse de imágenes con las que se sienta a gusto. Por ejemplo, cuando mantiene la postura de la torsión vertebral (pp. 96-97), tal vez desee visualizar un aumento del flujo sanguíneo en la zona de los riñones, en la región lumbar, bañando las glándulas suprarrenales y otras estructuras cercanas. También puede que note un agradable calor curativo en esta parte del cuerpo.

### Períodos de descanso

Después de cada ejercicio se suele hacer un breve descanso. Este período de relajación es un componente importante de la actividad muscular; ayuda a evitar la rigidez y la fatiga. Generalmente, al final de una sesión de ejercicios se hace un descanso más largo para relajarse y recuperarse.

### Contraposturas

Como norma general, es mejor continuar un ejercicio con una postura contraria apropiada. Por ejemplo, después de un ejercicio de flexión hacia atrás como la postura del camello (p. 104), es lógico elegir uno de flexión hacia delante como la postura del niño (p. 108).

## Respiración y meditación

Los siguientes puntos son dignos de mención si tiene pensado hacer una sesión de respiración y meditación, aparte de las *asanas*.

- Practíquela antes de una comida principal, y no inmediatamente después. La digestión puede afectar a la concentración.
- Mantenga el cuerpo lo más relajado posible. Si estamos inquietos disminuye la capacidad de estar concentrados. Haga un rápido repaso de pies a cabeza y conscientemente suelte la tensión innecesaria donde la detecte.
- A menos que se especifique lo contrario en un determinado ejercicio, inspire y espire por la nariz, para calentar, filtrar y humectar el aire que va hacia los pulmones. Deje los labios juntos pero sin apretar y la mandíbula relajada. Mantenga un ritmo de respiración lento y regular, a menos que se indique de otra forma. No contenga la respiración.
- Para empezar debería permanecer quieto durante unos minutos y, con el tiempo, hasta 20 minutos. A continuación se muestran tres posturas en posición sentada que le proporcionarán un cómodo asiento y mantendrán la columna bien alineada. También facilitarán una respiración más fluida.

# POSTURA FÁCIL *(SUKHASANA)*

### ⊛ Cómo practicarla

**1.** Siéntese con el cuerpo erguido y las piernas estiradas hacia delante.

**2.** Doble una pierna hacia dentro y coloque el pie debajo del muslo contrario.

**3.** Doble la otra pierna y coloque el pie debajo de la pierna doblada. Deje caer las rodillas hacia abajo sin hacer esfuerzo.

**4.** Apoye las manos en el regazo o en los muslos o rodillas.
Relaje la mandíbula y respire rítmicamente.

### ⊘ Nota

*Si al principio encuentra incómodo sentarse como se especifica arriba, pruebe a hacerlo encima de un cojín.*

# POSTURA DEL DIAMANTE *(VAJRASANA)*

### ⊛ Cómo practicarla

1. Póngase de rodillas con las piernas juntas, agáchese y siéntese sobre los talones, al estilo japonés. Mantenga el tronco erguido pero no rígido, con la coronilla elevada.

2. Apoye las manos en los muslos o rodillas. Relaje la mandíbula y respire rítmicamente.

### ⊘ Nota

*Para mayor comodidad, puede poner un cojín fino o una toalla doblada entre las nalgas y los talones.*

## POSTURA SENTADA EN UNA SILLA *(MAITRIYASANA)*

### ⊛ Cómo practicarla

**1.** Siéntese con el cuerpo erguido en una silla firme y con el respaldo recto. Apoye los pies, planos, en el suelo.

**2.** Apoye las manos en los muslos o en las rodillas. Relaje la mandíbula y respire rítmicamente.

# Calentamiento y relajación

Para practicar de manera eficaz y segura las instrucciones de cualquier ejercicio, es imprescindible realizar ejercicios de calentamiento antes y de relajación después.

## Calentamiento

Los ejercicios de calentamiento aumentan ligeramente la temperatura corporal, ayudan a reducir la rigidez y mejoran la circulación, por lo que son muy útiles para prevenir los esguinces de músculos y articulaciones cuando realizamos los ejercicios principales. Son especialmente importantes si tenemos pensado hacer una sesión enérgica muy temprano por la mañana, poco después de despertarnos. A esta hora, los discos vertebrales son más vulnerables a las compresiones y por lo tanto a sufrir daños, ya que durante la noche absorben más fluido (cuando nos movemos durante el día, la acción masajeante de las vértebras reduce este fluido).

El calentamiento también es muy importante si padece asma. Ayuda a prevenir síntomas molestos que pueden aparecer durante la sesión.

Aparte de los ejercicios de calentamiento que se indican en las páginas siguientes, también puede probar a hacer la secuencia de saludo al sol (véanse pp. 89-91). Hágala de manera lenta y consciente y sincronizada con una respiración rítmica. Empiece con dos series y vaya aumentando la cantidad a medida que vaya progresando en la práctica.

## Relajación

Hacer un tiempo de relajación después de la sesión de ejercicios hace posible que los músculos estáticos se estiren. Permite que el sistema cardiovascular vuelva gradualmente a funcionar con normalidad, por lo que se pueden evitar problemas como la sensación de mareo, que es síntoma de una bajada repentina de la tensión arterial.

Relajarse adecuadamente también mejora la flexibilidad. Además, protege contra los cambios drásticos de temperatura en los pulmones, que pueden comprimir las vías respiratorias y producir síntomas de asma en personas que son propensas.

Muchos de los ejercicios de calentamiento que se indican a continuación pueden hacerse como ejercicios de relajación, excepto el balanceo sobre la espalda (p. 27). Quizá también quiera probar la secuencia de saludo al sol (pp. 89-91) para la relajación, pero asegúrese de hacerla muy lentamente y con atención. Mantenga siempre una buena postura cuando haga la relajación, para evitar esguinces en la espalda. Puede terminar la sesión de ejercicios, como hacen muchos alumnos de yoga, con la postura del cadáver (pp. 62-63).

# ESTIRAMIENTOS DEL CUELLO

### ⊕ Para qué sirven

▸ Mantienen la zona cervical (cuello) flexible y contrarrestan la rigidez.

▸ Contribuyen a la circulación en la columna vertebral.

▸ Evitan que aumente la tensión en el cuello

### ⊛ Cómo practicarlos

**1.** Siéntese con el cuerpo erguido en una posición cómoda. Relaje los hombros, los brazos y las manos. Cierre los ojos o déjelos abiertos. Relaje la mandíbula y respire rítmicamente durante todo el ejercicio.

**2.** Visualice el símbolo del infinito (un ocho en posición horizontal). Dibuje su contorno con la nariz. Hágalo de manera lenta y suave, 5 veces o más. Haga una breve pausa.

**3.** Repita el ejercicio en la otra dirección 5 veces o más. Descanse.

### ⊘ Nota

*Estos estiramientos también se pueden realizar de pie.*

# CÍRCULOS CON LOS HOMBROS

### ⊕ Para qué sirven

▸ Potencian los efectos de los estiramientos del cuello.

▸ Mantienen una buena movilidad de las articulaciones de los hombros y evitan la rigidez.

▸ Mejoran la circulación en los hombros.

▸ Evitan que aumente la tensión en los hombros.

### ⊛ Cómo practicarlos

**1.** Siéntese o póngase de rodillas en una posición cómoda. Cierre los ojos o déjelos abiertos. Relaje la mandíbula y respire rítmicamente durante todo el ejercicio.

**2.** Dibuje círculos imaginarios con los hombros sucesivamente. Hágalo de manera lenta y suave, 5 veces o más. Haga una breve pausa.

**3.** Repita las rotaciones de los hombros 5 veces o más en la dirección contraria.

### ⊘ Nota

*Este ejercicio también se puede realizar de pie.*

## ROTACIONES DE LAS MUÑECAS

### ⊕ Para qué sirven

▸ Mantienen flexibles las manos, las muñecas y los dedos.

▸ Mejoran la circulación en estas zonas y las fortalecen.

▸ Evitan que aumente la tensión en las manos.

### ⊛ Cómo practicarlas

1. Siéntese con el cuerpo erguido en una posición cómoda. Cierre los ojos o déjelos abiertos. Relaje la mandíbula y respire rítmicamente durante todo el ejercicio.

2. Imagine un ocho grande en posición horizontal delante de usted. Dibuje su contorno con las manos extendidas, de manera lenta y suave, 5 veces o más. Haga una breve pausa.

3. Repita el ejercicio en la otra dirección 5 veces o más. Descanse.

### ⊘ Nota

• *Este ejercicio también se puede realizar de pie o en posición tumbada.*

• *También se puede hacer primero con una mano y luego con la otra.*

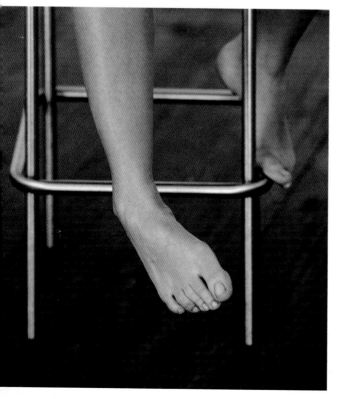

## CÍRCULOS CON LOS TOBILLOS

### ⊕ Para qué sirven

▸ Mantienen una buena movilidad de las articulaciones de los tobillos y evitan la rigidez.

▸ Mejoran la circulación en los pies.

▸ Ayudan a fortalecer los pies.

### ⊛ Cómo practicarlos

1. Siéntese de forma que pueda mover los pies libremente. Si se sienta en el suelo, levante y sujete una pierna. Relaje la mandíbula y respire rítmicamente.

2. Dibuje círculos imaginarios con cada pie o con ambos a la vez. Hágalo de manera lenta y suave, 5 veces o más. Haga una breve pausa.

3. Repítalo en la otra dirección 5 veces o más. Descanse.

### ⊘ Nota

• *Haga el mismo número de círculos con cada tobillo.*

• *Se puede hacer tumbado boca arriba, con una pierna levantada.*

# LA MARIPOSA

## ⊕ Para qué sirve

▸ Para una buena movilidad de las articulaciones de los tobillos, las rodillas y las caderas; evita la rigidez.

▸ Estira y tonifica los músculos de la cara interior de los muslos y las ingles.

▸ Mejora la circulación en las estructuras de la parte inferior de la pelvis.

## ⊛ Cómo practicarlo

1. Siéntese en la esterilla con el cuerpo erguido y las piernas estiradas hacia delante. Relaje la mandíbula y respire rítmicamente durante todo el ejercicio.

2. Doble una pierna hacia dentro. Doble la otra pierna y junte las plantas de los pies. Una las manos alrededor de los pies y acérquelos cómodamente al cuerpo.

3. Suba y baje las rodillas alternativamente, regularmente y a un ritmo moderado, como una mariposa que bate las alas. Hágalo entre 10 y 20 veces.

4. Desdoble las piernas con cuidado y estírelas, primero una y después la otra. Descanse.

## ⊙ Advertencia

*Evite hacer este ejercicio si tiene dolor en la zona púbica.*

## ▼ Variante

1. Siéntese en la esterilla. Apoye las palmas de las manos en la esterilla, junto a las caderas.

2. Doble las piernas hacia dentro, primero una y luego la otra, y junte las plantas de los pies.

3. Suba y baje las rodillas alternativamente, entre 10 y 20 veces, suavemente.

4. Estire las piernas y descanse. Relaje los brazos y las manos.

# TORSIÓN DE LA PELVIS EN POSICIÓN TUMBADA

## ⊕ Para qué sirve

▸ Estira, fortalece y tonifica los músculos abdominales oblicuos
y transversales y los de la parte inferior de la espalda.

▸ Ayuda a mantener el estómago esbelto.

▸ Facilita la movilidad en la zona del diafragma
(entre el pecho y el abdomen).

▸ Potencia la salud de las estructuras pélvicas.

## ⊛ Cómo practicarlo

1. Túmbese boca arriba con los brazos estirados a los lados, a la altura
de los hombros. Relaje la mandíbula y respire rítmicamente.

2. Flexione las piernas, primero una y después la otra, y apoye las plantas
de los pies en la esterilla. Lleve las rodillas hacia el pecho.

3. Mantenga los brazos a la altura de la parte superior del cuerpo y la zona
lumbar bien apoyada en la esterilla, espire e incline las rodillas flexionadas
juntas hacia un lado.

4. Inspire y vuelva a llevar las rodillas, juntas, hacia el centro.

5. Espire e incline las rodillas hacia el otro lado.

6. Repita la inclinación de las rodillas de un lado a otro, sucesivamente
y con suavidad, entre 10 y 20 veces.

7. Vuelva a la posición inicial. Descanse.

## ▼ Variante

1. En una posición sentada cómoda, apóyese sobre los codos.

2. Lleve las rodillas hacia el pecho.

3. Incline las rodillas, que se mantienen juntas, alternativamente a izquierda
y derecha, sincronizando el movimiento con la respiración.
Hágalo entre 5 y 10 veces, sucesivamente y con suavidad.

4. Estire las piernas y descanse.

# BALANCEO SOBRE LA ESPALDA

### ⊕ Para qué sirve

▸ Masajea la espalda y ayuda a mantener la columna flexible.

▸ Tonifica la espalda y los músculos abdominales.

▸ Estira los músculos tensos de los ligamentos de la corva (parte posterior de las piernas). Cuando estos músculos se acortan, afectan a la inclinación de la pelvis y, por tanto, a la postura.

### ⊛ Cómo practicarlo

1. Siéntese en la esterilla con las piernas estiradas hacia delante. Flexione las piernas y apoye las plantas de los pies, planas, en la esterilla, cerca de las nalgas.

2. Ponga los brazos debajo de las rodillas y sujete los muslos. Redondee la espalda tanto como le resulte cómodo. Relaje la mandíbula y respire rítmicamente.

3. Inspire e impúlsese hacia atrás con ambos pies a la vez, para poder balancearse boca arriba.

4. En la siguiente espiración, impúlsese hacia delante para volver a la posición sentada. Evite apoyarse sobre los pies, para no lastimarse la columna vertebral.

5. Repita el balanceo adelante y atrás, entre 5 y 8 veces, sucesivamente y con suavidad. Descanse.

### ⚠ Advertencia

*Evite hacer este ejercicio si está embarazada o tiene osteoporosis. Consúltelo con el médico.*

# PARTE 2: EL PODER CURATIVO DEL YOGA

Las dolencias que se presentan en este apartado son de las más comunes y extendidas. Se da una breve descripción de cada una, que incluye las causas conocidas o probables y sus principales síntomas e indicios.

Los indicios son manifestaciones de una enfermedad. Los síntomas generalmente se consideran cambios en el cuerpo o sus funciones, que nota la persona que los sufre, y pueden indicar una enfermedad o una fase de una enfermedad.

Junto con la información previa sobre cada dolencia, se muestran unos ejercicios escogidos para ayudar a prevenirla, reducir su evolución o facilitar su resolución y el restablecimiento del funcionamiento normal del cuerpo. Los ejercicios le ayudarán a activar su propio sistema de curación. Sin embargo, no se pueden considerar sustitutos de la medicina convencional. Es imprescindible que consulte a un médico cualificado u otro profesional sanitario si sufre cualquier problema grave de salud.

Antes de probar a hacer los ejercicios, podría serle útil repasar la parte 1 del libro para refrescar la memoria sobre las pautas para practicarlos de manera segura, especialmente las precauciones (pp. 16-17).

# Artritis

«Artritis» literalmente significa «inflamación de las articulaciones». La palabra viene del griego *arthron*, que significa «articulación», e *itis* que significa «inflamación».

La artritis se describe como una articulación inflamada, rígida, hinchada y que a veces duele, que es consecuencia de varios procesos patológicos. El principal es la inflamación.

Hay más de 100 formas de artritis. Algunas aparecen gradualmente como consecuencia del desgaste natural a lo largo del tiempo. Otras aparecen y desaparecen de repente. Sin embargo, otras son progresivas y se vuelven crónicas.

Las dolencias de tipo artrítico pueden afectar no sólo a las articulaciones sino también a órganos internos. La mayoría de las causas de la artritis son poco claras, pero las que se indican a continuación pueden contribuir a su aparición: un traumatismo físico, por ejemplo el esguince de una articulación; la falta de actividad física; el exceso de peso que ejerce presión sobre las articulaciones; el proceso de envejecimiento; los cambios hormonales; las enfermedades genéticas que debilitan el cartílago (el tejido protector y de sujeción que se encuentra entre los huesos y las articulaciones); las anormalidades del sistema inmunológico; los agentes infecciosos como los virus y bacterias, y los traumas emocionales.

Las diferentes formas de artritis se pueden asociar con: descompostura del cartílago como pasa en la osteoartritis (OA), la artritis reumatoide (AR) y el lupus eritematoso sistémico (LES); inflamación del revestimiento de las articulaciones (membrana sinovial), los músculos, los vasos sanguíneos, los tendones y los ligamentos, y pérdida del movimiento de las articulaciones y disminución de la fuerza muscular.

## Osteoartritis (OA)

La OA, que también se conoce como enfermedad degenerativa de las articulaciones, es la forma más común de artritis. Afecta más a las mujeres que a los hombres. Los factores relacionados con el desarrollo de la OA son: la obesidad, las actividades que implican cargar un peso excesivo y los deportes de impacto, las influencias hormonales (por ejemplo, una disminución de la producción de estrógenos en la menopausia) y los daños como consecuencia de una fractura, operación o infección. La OA afecta principalmente a las articulaciones más grandes que sostienen el peso del cuerpo, como las caderas y las rodillas.

## Artritis reumatoide (AR)

La AR es el tipo de artritis inflamatoria más común. Las mujeres suelen desarrollar la AR hacia los treinta o cuarenta años, y los hombres hacia los cincuenta o sesenta. Parece ser que hay una predisposición genética a la AR, y parece que también influyen las fluctuaciones hormonales. Por ejemplo, los síntomas suelen remitir durante el último trimestre (tres meses) del embarazo, pero pueden volver a aflorar después del parto.

La AR puede aparecer a causa de una alteración en el funcionamiento normal del sistema inmunológico. Actualmente se plantea el concepto de que la AR sea una enfermedad autoinmune, en que el cuerpo literalmente se vuelve contra sí mismo.

En la AR, las articulaciones principalmente afectadas son las de los dedos, las manos y las muñecas al principio, y posteriormente las articulaciones más grandes como las rodillas y las caderas.

## Espondilitis anquilosante

Este término viene de las palabras griegas *ankylos*, que significa «encorvado», y *spondylos*, que significa «vértebra». La espondilitis anquilosante es una enfermedad en que no sólo están inflamadas las articulaciones vertebrales, sino también los tendones y ligamentos que están unidos a los huesos vertebrales. Esta forma de artritis normalmente la padecen los hombres antes de los cuarenta años. Cuando evoluciona, puede tener como resultado una flexión hacia delante de la columna vertebral, que comúnmente se denomina «columna en caña de bambú». Aunque hay un fuerte componente hereditario, se desconoce la causa exacta de la enfermedad.

Además de afectar a la columna vertebral, la espondilitis anquilosante puede afectar a las caderas, los hombros, el cuello, las costillas y la mandíbula. También puede afectar a las articulaciones en que las costillas se unen a las vértebras y, por lo tanto, dificultar la respiración.

La característica más destacada de esta enfermedad es el dolor en la parte inferior de la espalda que persiste durante por lo menos tres meses, y que mejora con ejercicio pero no con reposo. Otras manifestaciones son la disminución de la movilidad de la columna lumbar, la reducción de la expansión del pecho y la inflamación de las articulaciones del sacroilíaco (sacro y pelvis).

## Lupus eritematoso sistémico (LES)

El LES es una enfermedad inflamatoria que afecta a numerosas partes del cuerpo. No obstante, generalmente, no se produce ninguna lesión en el hueso o el cartílago. Aparece principalmente en mujeres en edad reproductora, entre los 15 y los 25 años.

Las causas concretas del LES, aunque no se conocen del todo, parece que son una combinación de factores genéticos y medioambientales. El LES suele considerarse una enfermedad autoinmune, en que el cuerpo se ataca a sí mismo en lugar de defenderse. Las reacciones adversas a algunos medicamentos también pueden producir síntomas de lupus.

Algunos de los síntomas e indicios de LES, que pueden ser numerosos, son: erupción cutánea («erupción en forma de mariposa») en la nariz y las mejillas, debilidad y fatiga, pérdida de peso, sensibilidad a la luz y caída del pelo.

# ROTACIONES DE LAS MUÑECAS

## ⊕ Para qué sirven

▸ Mantienen flexibles las manos, las muñecas y dedos.
▸ Mejoran la circulación en estas zonas y las fortalecen.
▸ Evitan que aumente la tensión en las manos.

## ⊛ Cómo practicarlas

1. Siéntese con el cuerpo erguido en una posición cómoda. Cierre los ojos o déjelos abiertos. Relaje la mandíbula y respire rítmicamente durante todo el ejercicio.
2. Imagine un ocho grande en posición horizontal delante de usted. Dibuje su contorno con las manos extendidas, de manera lenta y suave, 5 veces o más. Haga una breve pausa.
3. Repita el ejercicio en la otra dirección 5 veces o más. Descanse.

## ⊘ Nota

• *Este ejercicio también se puede realizar de pie o en posición tumbada.*
• *Puede hacerlo primero con una mano y luego con la otra.*

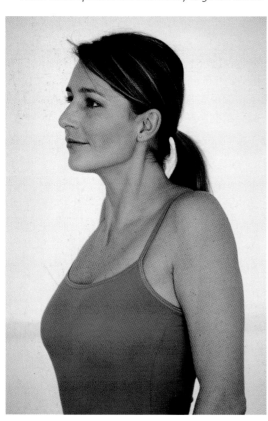

# CÍRCULOS CON LOS HOMBROS

## ⊕ Para qué sirven

▸ Potencian los efectos de los estiramientos del cuello.
▸ Mantienen una buena movilidad de las articulaciones de los hombros y evitan la rigidez.
▸ Mejoran la circulación en los hombros.
▸ Evitan que aumente la tensión en los hombros.

## ⊛ Cómo practicarlos

1. Siéntese con el cuerpo erguido en una posición cómoda. Cierre los ojos o déjelos abiertos. Relaje la mandíbula y respire rítmicamente durante todo el ejercicio.
2. Dibuje círculos imaginarios con los hombros. Hágalo de manera lenta y suave, 5 veces o más. Haga una breve pausa.
3. Repita las rotaciones de los hombros 5 veces o más en la dirección contraria.

## ⊘ Nota

*Los círculos con los hombros también se pueden realizar de pie.*

# LA MARIPOSA

## ⊕ Para qué sirve

▸ Para mantener la movilidad de las articulaciones de tobillos, rodillas y caderas y evitar la rigidez.

▸ Estira y tonifica los músculos de la cara interior de los muslos y las ingles.

▸ Mejora la circulación en las estructuras de la parte inferior de la pelvis.

## ⊛ Cómo practicarla

1. Siéntese en la esterilla con el cuerpo erguido y las piernas estiradas hacia delante. Relaje la mandíbula y respire rítmicamente durante todo el ejercicio.

2. Doble una pierna hacia dentro. Doble la otra pierna y junte las plantas de los pies. Una las manos alrededor de los pies y acérquelos cómodamente al cuerpo.

3. Suba y baje las rodillas alternativamente, de forma regular y a un ritmo moderado, como una mariposa que bate las alas. Hágalo entre 10 y 20 veces.

4. Desdoble las piernas con cuidado y estírelas, primero una y después la otra. Descanse.

## ⚠ Advertencia

*Evite hacer este ejercicio si tiene dolor en la zona púbica.*

## ▼ Variante

1. Siéntese en la esterilla. Apoye las palmas de las manos en la esterilla, junto a las caderas.

2. Doble las piernas hacia dentro, primero una y luego la otra, y junte las plantas de los pies.

3. Suba y baje las rodillas alternativamente, entre 10 y 20 veces, suavemente.

4. Estire las piernas y descanse. Relaje los brazos y las manos.

# POSTURA DE LA CABEZA DE VACA
## *(GOMUKHASANA)*

⊕ **Para qué sirve**

▸ Ayuda a mantener una buena movilidad de las articulaciones de los brazos y los hombros y evita la rigidez.

▸ Facilita una respiración profunda.

▸ Contrarresta los posibles efectos adversos de una excesiva curvatura hacia delante.

▸ Ayuda a mantener una buena postura.

🕉 **Cómo practicarla**

1. Póngase de pie o siéntese en una posición cómoda. Relaje la mandíbula y respire rítmicamente.

2. Coja el hombro derecho con la mano derecha. Mantenga el brazo cerca de la oreja y ponga el codo hacia arriba.

3. Pase la mano izquierda por detrás de usted desde abajo y entrelace los dedos con los de la mano derecha. Mantenga una buena postura.

4. Mantenga esta postura entre 5 y 10 segundos y siga respirando rítmicamente.

5. Relaje los brazos.

6. Repita el ejercicio con los brazos en posición contraria.

7. Encoja los hombros varias veces. Descanse.

⊘ **Nota**

*Si no puede entrelazar los dedos, use una bufanda, un cinturón u otro objeto. Pase un extremo por encima del hombro, sujete el otro extremo por debajo y separe las dos manos con cuidado.*

# POSTURA DEL ÁGUILA (GARUDASANA)

## ⊕ Para qué sirve

▸ Es un ejercicio suave para todas las articulaciones de los brazos y las piernas, para mantener una buena movilidad y evitar la rigidez.

▸ Ayuda a mejorar la concentración, la coordinación de los nervios y músculos, así como la atención.

## ⊛ Cómo practicarla

1. Póngase de pie con el cuerpo erguido y los brazos a los lados. Relaje la mandíbula y respire rítmicamente durante todo el ejercicio.

2. Desplace el peso del cuerpo hacia su pie izquierdo. Levante con cuidado el pie derecho y cruce la pierna derecha por encima de la izquierda; ponga los dedos de los pies alrededor de la parte baja de la pierna izquierda, si puede, sin ejercer una presión innecesaria. Mantenga el cuerpo lo más erguido posible.

3. Flexione los brazos y ponga uno dentro del otro delante de usted. Gire las muñecas hasta que las palmas de las manos se toquen.

4. Mantenga la postura tanto tiempo como le resulte cómodo, y vaya respirando rítmicamente.

5. Colóquese en la posición inicial. Un breve descanso.

6. Repítalo cambiando la posición de brazos y piernas.

## ⊘ Notas

• *Para mantener el equilibrio, le puede ir bien centrar la atención en su propia respiración rítmica o mirar fijamente a un objeto inmóvil que tenga delante, como el tirador de una puerta.*

• *Al principio, cuando intente hacer esta postura, póngase cerca de la pared o un poste y utilícelo para mantener el equilibrio.*

# RESPIRACIÓN PARTIDA

## ⊕ Para qué sirve

▸ Relaja los músculos pectorales tensos y facilita una respiración profunda.

▸ Alivia la ansiedad y favorece la calma.

## ⊛ Cómo practicarla

1. Siéntese con el cuerpo erguido en una posición cómoda. Relaje la mandíbula. Relaje las manos y otras partes del cuerpo que note que estén tensas.

2. Haga dos, tres o más inspiraciones cortas, como si dividiera la inspiración en partes iguales.

3. Espire de manera lenta y continuada por la nariz o con los labios fruncidos como si soplara para enfriar una bebida caliente.

4. Repita los pasos 2 y 3: haga una inspiración partida seguida de una espiración continuada por la nariz o la boca, hasta que note que el pecho se relaja, y entonces puede inspirar profundamente con tranquilidad.

5. Vuelva a respirar regularmente.

# Problemas de espalda

Aproximadamente el 80% de nosotros sufrirá, en algún momento de la vida, dolor de espalda o un problema relacionado con la espalda.

La columna vertebral sostiene la cabeza y el tronco, además de servir de punto de unión de las costillas, la pelvis y los músculos de la espalda. A pesar de ser fuerte y flexible, es vulnerable y puede verse afectada por una gran variedad de dolencias. Entre las enfermedades más comunes hay: problemas discales, en particular la hernia discal; varias formas de artritis, como la osteoartritis (p. 30) y espondilitis anquilosante (p. 31); numerosas lesiones, por ejemplo fracturas; osteoporosis (p. 40); escoliosis (desviación lateral de la columna); tumores en cualquier parte del cuerpo, como el útero y la próstata; infecciones, e incluso los efectos de cambios hormonales, como los que tienen lugar durante el embarazo.

También hay otros factores que pueden influir en la salud de la columna vertebral, por ejemplo el aumento o la pérdida de peso, el estrés, la inactividad y los malos hábitos posturales.

## Medidas preventivas

Sin embargo, podemos hacer mucho más de lo que habíamos pensado para prevenir la aparición de algunos problemas de espalda. Algunas medidas preventivas importantes son: acostumbrarse a tener unos hábitos posturales correctos, es decir, tener cuidado con la manera en que utilizamos el cuerpo y sus diferentes partes en las actividades diarias. Realizar estiramientos y ejercicios tonificantes todos los días también puede ayudar a aliviar el dolor que producen los problemas de espalda. El hecho de que estemos muy ocupados no debe disuadirnos de hacerlo porque podemos integrar varios de estos ejercicios en nuestras actividades diarias en casa o en el lugar de trabajo, sin que se note.

Los expertos coinciden en el hecho de que, incluso cuando sufrimos dolor de espalda u otros problemas relacionados con la espalda, nosotros como personas podemos hacer más para aliviar el dolor y ayudar a recuperarnos que lo que pueda hacer cualquier otra medida, quirúrgica o no.

# EJERCICIO DE ABDOMINALES

### ⊕ Para qué sirve

▶ Fortalece los músculos rectos abdominales (que se mueven arriba y abajo en la parte delantera del abdomen) y, por lo tanto, refuerza los músculos que sostienen la columna vertebral y la pelvis. (Tener los músculos abdominales débiles es una causa común de dolor de espalda).

▶ Mantiene la columna flexible.

### ⊛ Cómo practicarlo

1. Túmbese boca arriba con las piernas estiradas hacia delante y ligeramente separadas. Relaje la mandíbula y respire rítmicamente.

2. Flexione las rodillas y deslice los pies hacia usted hasta que las plantas de los pies estén planas en la esterilla. Mantenga esta distancia entre los pies y el cuerpo. Apoye las palmas de las manos en la parte superior de los muslos.

3. Espire y levante la cabeza con cuidado. Mire fijamente a las manos mientras las desliza hacia las rodillas. Pare cuando note la tensión máxima que pueda tolerar en el abdomen.

4. Mantenga la postura tanto tiempo como le resulte cómodo, y vaya respirando rítmicamente.

5. Vuelva a tumbarse de manera lenta y suave en la esterilla, inspirando.

6. Relaje los brazos y las manos a los lados. Estire las piernas, descanse, y respire rítmicamente.

### ⊽ Variante

1. Haga los pasos 1 y 2 arriba mencionados.

2. Mientras espira, levante la cabeza lentamente y con cuidado e incorpórese. Estire los brazos hacia la parte exterior de la rodilla izquierda.

3. Mantenga la postura tanto tiempo como le resulte cómodo, y vaya respirando rítmicamente.

4. Inspire y vuelva a tumbarse en la esterilla. Estire las piernas. Relaje los brazos a los lados. Haga un breve descanso y respire rítmicamente.

5. Repita los pasos del 2 al 4, esta vez estirando los brazos hacia la parte exterior de la rodilla derecha.

# EL PUENTE *(SETU BANDHA)*

### ⊕ Para qué sirve

▶ Tonifica los músculos de la parte delantera y posterior del cuerpo.

▶ Ayuda a mantener la columna vertebral flexible.

### ⊛ Cómo practicarlo

1. Túmbese boca arriba con las piernas estiradas hacia delante y los brazos a los lados. Relaje la mandíbula y respire rítmicamente.

2. Flexione las piernas y apoye las plantas de los pies, planas, en la esterilla, a una distancia de las nalgas que le sea cómoda. Ponga las palmas de las manos boca abajo.

3. Inspire y levante la espalda de la esterilla de manera lenta y suave, primero levantando las caderas, a continuación la parte inferior de la espalda y por último la parte superior. Evite arquear la columna vertebral.

4. Cuando haya alcanzado el límite en que se sienta bien, mantenga la postura tanto tiempo como le resulte cómodo. Siga respirando rítmicamente.

5. Para terminar la postura, baje la espalda de manera suave y gradual, empezando por la parte superior de la espalda. Visualice que va bajando las vértebras de una en una.

6. Estírese como en la posición inicial y descanse.

### ⊽ Variante

1. Para realizar unos estiramientos más intensos, siga las instrucciones anteriores de la postura básica del puente. A continuación estire los brazos por encima de la cabeza.

2. Mantenga la postura tanto tiempo como le resulte cómodo, y vaya respirando rítmicamente.

3. Para terminar la postura, vuelva a poner los brazos a ambos lados del cuerpo y, a continuación, baje lentamente el torso empezando por la parte superior de la espalda y luego la parte inferior y las caderas. Estire las piernas y descanse.

# FLEXIÓN DE LA RODILLA *(VATAYANASANA)*

### ⊕ Para qué sirve
▶ Tonifica la espalda y los músculos abdominales.
▶ Relaja la espalda y alivia los dolores de espalda leves.
▶ Ayuda a expulsar los gases del estómago y del intestino.

### ⊛ Cómo practicarla
1. Túmbese boca arriba con las piernas estiradas hacia delante y los brazos a los lados. Relaje la mandíbula y respire rítmicamente.
2. En una espiración, flexione una pierna y lleve la rodilla hacia el pecho. Sujétela bien con las manos.
3. Mantenga la postura tanto tiempo como le resulte cómodo, y vaya respirando rítmicamente.
4. Vuelva a la posición inicial.
5. Repita el ejercicio con la otra pierna. Descanse.

### ▼ Variante
1. Siga las instrucciones anteriores para hacer la flexión básica de la rodilla.
2. Levante la cabeza con mucho cuidado y lleve la frente hacia la rodilla flexionada.
3. Mantenga la postura tanto tiempo como le resulte cómodo, y vaya respirando rítmicamente.
4. Vuelva a la posición inicial.
5. Repita el ejercicio con la otra pierna.

# Osteoporosis

La palabra «osteoporosis» significa «huesos porosos». Se define como un proceso patológico que debilita los huesos y los vuelve quebradizos y propensos a sufrir fracturas. En algunos casos, los huesos que antes eran densos y fuertes pueden llegar a estar tan afectados que incluso un esfuerzo normal como inclinarse o girar el torso podría tener como consecuencia una lesión.

En la columna vertebral y el fémur (hueso del muslo) es donde hay la pérdida más importante de hueso. Los huesos de la columna vertebral (vértebras) pueden ser comprimidos por el peso del mismo cuerpo cuando se debilitan por la osteoporosis. Las fracturas de compresión incluso pueden reducir varios centímetros la estatura de una persona.

La osteoporosis afecta principalmente a mujeres posmenopáusicas y, en menor grado, a hombres que llevan una vida sedentaria. La dolencia suele empezar en los primeros años de la edad adulta. Cuando las mujeres jóvenes, en particular, limitan el consumo de alimentos para controlar su peso, no suelen tomar una cantidad apropiada de calcio y vitamina D, que son muy importantes entre los diez y los veinte años. A esta edad es cuando suele haber desórdenes alimentarios.

Entre las manifestaciones clínicas de la osteoporosis hay: reducción de la estatura; dificultad para inclinarse; una cifosis marcada («joroba de viuda»); problemas respiratorios (debidos a las deformidades de la columna y el tórax); dolor de espalda, y problemas bucales y dentales, debido a la pérdida de hueso en la mandíbula.

Una vez aparece la osteoporosis, el tratamiento no suele ser muy satisfactorio. Por lo tanto, la clave para enfrentarse con éxito a esta dolencia es identificar a las personas que tienen un riesgo prematuro de padecerla y tomar medidas eficaces para prevenirla.

Factores de riesgo no modificables:

- **Edad**
  Las mujeres posmenopáusicas y los hombres y mujeres de edad avanzada tienen más riesgo de padecerla. Cuando las mujeres entran en la menopausia, la producción de las hormonas estrógeno y progesterona disminuye. Estas hormonas estimulan la formación de hueso nuevo.

- **Herencia**
  La herencia influye en la masa ósea. Por lo tanto, si hay antecedentes familiares de fracturas por osteoporosis nos será útil para valorar el riesgo que tiene una persona de desarrollar la dolencia.

- **Factores relacionados con el sistema reproductor**
  El hecho de tener poca masa ósea suele asociarse con mujeres que han tenido algunos embarazos y períodos menstruales irregulares.

- **Raza**
  Las mujeres de ascendencia hispánica, las mujeres caucásicas de piel muy blanca y las mujeres asiáticas tienen más riesgo de desarrollar osteoporosis.

- **Constitución**
  Las personas con huesos delgados y pequeños que también tienen poco peso corporal son más propensas a padecer osteoporosis que las que son más robustas.

Factores de riesgo modificables:

- **Hábitos**

  Fumar cigarrillos, beber alcohol en exceso, la desnutrición, la falta de ejercicio regular y el uso o abuso de ciertos medicamentos son algunos de los factores de riesgo modificables.

- **Tabaco**

  Los expertos creen que el tabaco es tóxico para los huesos y que también puede contribuir a la disminución del nivel de estrógenos.

- **Alcohol**

  Beber alcohol en exceso puede ser tóxico para los huesos directa o indirectamente. De hecho las personas que beben mucho suelen recibir la mayor parte de las calorías del alcohol, en vez de obtenerlas de una dieta nutritiva.

- **Dieta**

  Una dieta pobre en proteínas, calcio y vitamina D y demasiado rica en fósforo no es buena para la salud de los huesos.

- **Ejercicio**

  Con el ejercicio, los huesos se someten a cierto grado de tensión, y los huesos responden fortaleciéndose. El ejercicio también mejora la resistencia y el tono muscular, que son necesarios para tener unos huesos sanos.

- **Medicación**

  El uso prolongado de algunos medicamentos puede perjudicar la integridad de los huesos. Entre estos medicamentos hay: los antiácidos que contienen aluminio, que aceleran la excreción de calcio; los diuréticos («pastillas de agua»), algunos de los cuales potencian la pérdida de calcio; algunos laxantes, especialmente el aceite mineral, que merma las reservas de vitamina A, D, E y K; los esteroides, que se suelen utilizar para tratar enfermedades inflamatorias como la artritis, ya que pueden inhibir la formación de los huesos y, con el tiempo, disminuir la masa muscular (la fuerza de los músculos es importante para la masa y la fuerza de los huesos), y también hacen disminuir los niveles de estrógenos y testosterona e inhiben la absorción de calcio.

# POSTURA DEL ÁRBOL *(VRIKSHASANA)*

## ⊕ **Para qué sirve**
▸ **Fortalece los músculos de las piernas.**
▸ **Mejora la coordinación de los nervios y músculos.**
▸ **Mejora el equilibrio, la atención y la concentración.**

## ⊛ **Cómo practicarla**
1. Póngase de pie con el cuerpo erguido y los brazos a los lados. Relaje la mandíbula y respire de manera lenta y suave durante todo el ejercicio.
2. Con cuidado, desplace el peso hacia el pie izquierdo. Flexione la pierna derecha y con las manos coloque la planta del pie contra la cara interior del muslo izquierdo, tan arriba como le resulte cómodo.
3. Flexione los brazos y ponga las palmas de las manos juntas delante del pecho, en la posición de oración o *namaste* (véase p. 89).
4. Mantenga la postura tanto tiempo como pueda y vaya respirando rítmicamente.
5. Relaje la pierna derecha y vuelva a la posición inicial, ayúdese con las manos si es necesario. Haga un breve descanso.
6. Repita el ejercicio apoyándose en el pie derecho. Descanse.

## ⊘ **Notas**
• *Al principio, cuando intente hacer la postura del árbol, puede ponerse cerca de una pared o un poste. Apóyese allí para recuperar el equilibrio si es necesario.*
• *Para ayudarle a mantener el equilibrio, centre la atención en su propia respiración rítmica, o mire fijamente a un objeto inmóvil que tenga delante, como un cuadro de la pared o el tirador de una puerta.*

▼ **Variantes**

Intente cambiar la posición de los brazos. Estírelos rectos por encima de la cabeza y, si puede, junte las palmas de las manos, como si fuera un árbol conífero. O estire los brazos hacia los lados, como las ramas extendidas de un castaño.

# POSTURA DE EQUILIBRIO
## *(ESTIRAMIENTO DE CUÁDRICEPS)*

### ⊕ Para qué sirve

▸ Fortalece las piernas.

▸ Tonifica los fuertes músculos cuádriceps de los muslos.

▸ Mejora el equilibrio, la coordinación de los nervios y músculos, la concentración y la atención.

### ⊛ Cómo practicarla

1. Póngase de pie con los brazos a los lados. Relaje la mandíbula y respire rítmicamente durante todo el ejercicio.

2. Con cuidado, desplace el peso hacia el pie izquierdo. Flexione la pierna derecha hacia atrás y, con la mano derecha, lleve el pie tan cerca de las nalgas como le resulte cómodo. Levante el brazo izquierdo hacia arriba, por encima de la cabeza.

3. Mantenga la postura tanto tiempo como pueda y vaya respirando rítmicamente.

4. Relaje los brazos y la pierna y vuelva a la posición inicial. Haga un breve descanso.

5. Repita el ejercicio apoyándose en el pie derecho. Descanse.

### ⊘ Notas

• *Al principio, cuando intente hacer este ejercicio, puede ponerse cerca de una pared o un poste. Apóyese allí para recuperar el equilibrio si es necesario.*

• *Para ayudarle a mantener el equilibrio, centre la atención en su propia respiración rítmica, o mire fijamente a un cuadro de la pared o al tirador de una puerta o a cualquier otro objeto inmóvil que tenga delante.*

# POSTURA EN CUCLILLAS

### ⊕ Para qué sirve

▸ **Alivia la tensión de los discos vertebrales mediante la suave tracción de la columna vertebral.**

▸ **Mejora la flexibilidad de la columna.**

▸ **Tonifica los músculos de la espalda, el abdomen y el suelo pélvico.**

▸ **Fortalece las articulaciones de los tobillos, rodillas y caderas y mantiene su buena movilidad; evita la rigidez.**

▸ **Es útil contra el estreñimiento.**

### Cómo practicarla

🧍 Póngase de pie con los pies separados en una posición cómoda y los brazos a los lados. Relaje la mandíbula y respire rítmicamente durante todo el ejercicio.

2. Agáchese lentamente como si fuera a sentarse en los talones. Mantenga los pies planos.

3. Cuando haya alcanzado el límite en que se sienta bien, mantenga la postura tanto tiempo como pueda, pero siga respirando rítmicamente. Para mayor comodidad, junte los brazos y las manos.

4. Salga de la postura lentamente y vuelva a la posición inicial. Descanse.

### ▼ Variante

En vez de mantener la postura, alterne la posición en cuclillas con la de estar de pie, varias veces sucesivamente y con suavidad.

### ⊘ Nota

*Integre la posición en cuclillas cotidianamente. Póngase en cuclillas para quitar el polvo de la parte inferior de los muebles o para ordenar un cajón bajo. Póngase en cuclillas también para recoger un objeto que haya caído, en lugar de inclinarse, o para arrancar las malas hierbas del jardín.*

### ⚠ Advertencia

*La variante estática de esta postura no es recomendable si tiene varices o coágulos venosos. Sin embargo, puede alternar hacer esta postura con volver a ponerse de pie. Pero antes consúltelo con el médico.*

# Lesiones por esfuerzo repetitivo (LER)

Las lesiones por esfuerzo repetitivo (LER) engloban un conjunto de dolencias que predominantemente afectan al cuello, los hombros, los brazos, los codos, las muñecas, las manos y los dedos. Como el nombre indica, generalmente se producen o empeoran a causa de una actividad repetitiva durante un largo período de tiempo. También se conocen como: lesiones por estrés repetitivo, trastornos de trauma acumulativo y síndrome de sobrecarga ocupacional. Es un problema común en nuestro mundo de alta tecnología. Las LER afectan a varios tejidos del cuerpo, en concreto los ligamentos, músculos, nervios, tendones y vainas sinoviales de los tendones.

Los investigadores han identificado algunos factores que creen que contribuyen al desarrollo de las LER. Algunos de ellos son: las actividades repetitivas, la fatiga, el ritmo de trabajo, las vibraciones, las malas posturas estáticas, las actividades continuas de larga duración, el diseño del equipamiento de trabajo, el trabajo bajo presión, la falta de ejercicio regular, una mala alimentación, fumar y el exceso de peso.

Algunas de las dolencias que hacen que se sea más vulnerable a padecer una LER son la diabetes y la artritis (p. 30).

## Síndrome del túnel carpiano (STC)

Un ejemplo de LER es el conocido síndrome del túnel carpiano (STC). Es una dolencia de la muñeca y la mano. Es provocada por una compresión en el nervio mediano, que pasa por la palma de la mano y el lado que corresponde al pulgar.

## Síntomas del STC

Debilidad y pérdida de fuerza en la mano, por lo que se tiende a dejar caer los objetos; escozor, hormigueo o dolor que a veces se irradian al antebrazo y al hombro; debilidad del músculo debido a que las partes afectadas no se utilizan por el dolor y que, en consecuencia, afecta a la habilidad del pulgar y los otros dedos. El dolor puede ser tan intenso que altere el sueño.

## Prevenir las LER

La prevención es sin duda alguna la mejor manera de atacar lo que se ha convertido en un problema generalizado. Intente crear un ambiente de trabajo cómodo diseñado para adecuarse a sus necesidades particulares y ser consciente de la postura que tiene mientras está en el trabajo y cuando realiza otras actividades diarias. Practique estiramientos y ejercicios tonificantes todos los días para mejorar la movilidad de todas las articulaciones.

## ESTIRAMIENTOS DEL CUELLO

### ⊕ Para qué sirven

▸ Mantienen la zona cervical (cuello) flexible
y contrarrestan la rigidez.

▸ Facilitan la buena circulación en la columna vertebral.

▸ Evitan que aumente la tensión en el cuello.

### ⊛ Cómo practicarlos

1. Siéntese con el cuerpo erguido en una posición
cómoda. Relaje los hombros, brazos y manos.
Cierre los ojos o déjelos abiertos. Relaje la mandíbula
y respire rítmicamente durante todo el ejercicio.

2. Visualice el símbolo del infinito (un ocho en posición
horizontal). Dibuje su contorno con la nariz.
Hágalo de manera lenta y suave, 5 veces o más.

3. Repita el ejercicio en la otra dirección 5 veces o más.
Descanse.

### ⊘ Nota

*Estos estiramientos del cuello también se pueden realizar
de pie.*

## CÍRCULOS CON LOS HOMBROS

### ⊕ Para qué sirven

▸ Potencian los efectos de los estiramientos del
cuello.

▸ Mantienen una buena movilidad de las
articulaciones de los hombros y evitan la rigidez.

▸ Mejoran la circulación en los hombros.

▸ Evitan que aumente la tensión en los hombros.

### ⊛ Cómo practicarlos

1. Siéntese o póngase de rodillas en una posición cómoda.
Cierre los ojos o déjelos abiertos. Relaje la mandíbula y
respire rítmicamente durante todo el ejercicio.

2. Dibuje círculos imaginarios con los hombros. Hágalo
de manera lenta y suave, 5 veces o más. Haga una
breve pausa.

3. Repita las rotaciones de los hombros 5 veces
o más en la dirección contraria.

### ⊘ Nota

*Los círculos con los hombros también se pueden
realizar de pie.*

# ROTACIONES DE LAS MUÑECAS

## ⊕ Para qué sirven

▶ Mantienen flexibles las manos, las muñecas y los dedos.

▶ Mejoran la circulación en estas zonas y las fortalecen.

▶ Evitan que aumente la tensión en las manos.

## ⊛ Cómo practicarlas

1. Siéntese con el cuerpo erguido en una posición cómoda. Relaje la mandíbula y respire rítmicamente durante todo el ejercicio.
2. Imagine un ocho grande en posición horizontal delante de usted. Dibuje su contorno con las manos extendidas, de manera lenta y suave, 5 veces o más. Haga una breve pausa.
3. Repita el ejercicio en la otra dirección 5 veces o más. Descanse.

## ⊘ Nota

*Se puede hacer primero con una mano y luego con la otra.*

# RESPIRACIÓN DEL ZUMBIDO DE LA ABEJA *(BHRAMARI PRANAYAMA)*

## ⊕ Para qué sirve

▶ Es una manera de liberar tensiones, como el dolor y la fatiga, mediante la vocalización del sonido.

▶ Favorece una sensación de calma, ya que se centra la atención en la repetición de un sonido y se desvía de estímulos que nos puedan perturbar.

## ⊛ Cómo practicarla

1. Siéntese con el cuerpo erguido en una posición cómoda. Relaje las partes del cuerpo que note que estén tensas. Relaje la mandíbula y respire rítmicamente. Cierre los ojos.
2. Inspire por la nariz tan lenta y profundamente como pueda, sin forzar.
3. Espire por la nariz de manera lenta y continuada y haciendo un zumbido, como el de las abejas. Continúe haciendo el zumbido. Debería durar tanto como la espiración.
4. Repita los pasos 2 y 3 tantas veces como desee.

# EL RELOJ

⊕ **Para qué sirve**

▸ Ejercita y fortalece los músculos de los ojos.

▸ Contrarresta la fatiga visual, que puede ser consecuencia del deslumbramiento y de largos períodos de fijar la vista.

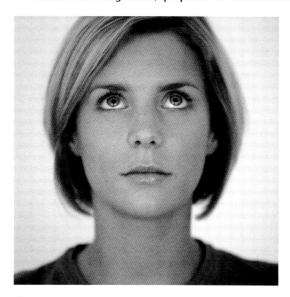

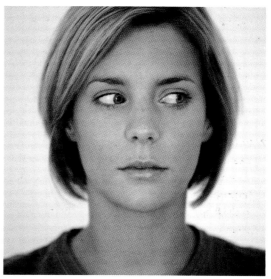

⊛ **Cómo practicarlo**

1. Siéntese con el cuerpo erguido en una posición cómoda (también puede estar de pie). Relaje los brazos y las manos. Relaje la mandíbula y respire rítmicamente durante todo el ejercicio.

2. Imagine que mira un gran reloj delante de usted. Mire fijamente al número 12 durante 1 ó 2 segundos y, a continuación, mueva los ojos para mirar al número 1.

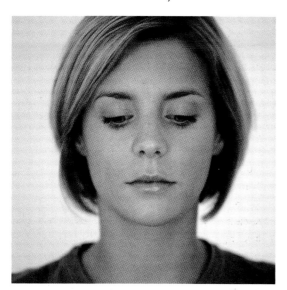

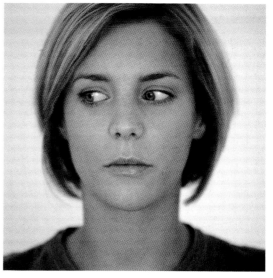

3. Continúe desplazando la mirada a cada número consecutivo, en el sentido de las agujas del reloj, hasta que vuelva a llegar al 12. Haga una breve pausa.

4. Repita el ejercicio, en sentido contrario al de las agujas del reloj.

5. Termine el ejercicio parpadeando varias veces para hidratar los ojos con fluido natural.

## Problemas respiratorios

Los problemas respiratorios pueden derivarse de varias dolencias, entre ellas las enfermedades cardíacas, enfermedades pulmonares como la bronquitis crónica o el enfisema, infecciones respiratorias, alergias (p. 119) o asma (p. 56). En todos estos casos, se observa una respiración difícil o pesada, que se conoce como disnea. También pueden producirse disneas en la ansiedad (p. 78) y después de realizar un ejercicio agotador.

### Limitación crónica al flujo aéreo (LCFA)
Esta dolencia, también conocida como enfermedad pulmonar obstructiva crónica (EPOC), engloba varias dolencias que afectan a la circulación del aire dentro y fuera de los pulmones.

Con la LCFA y otras enfermedades pulmonares crónicas, las vías respiratorias pierden la elasticidad y pueden obstruirse durante la espiración (expulsión del aire), especialmente cuando es forzada o pesada. En consecuencia el aire queda retenido al borde del colapso.

### Bronquitis crónica
Es una inflamación crónica de la mucosa que cubre los conductos bronquiales (cavidades que van de la tráquea a los pulmones). Entre los síntomas hay un aumento de la producción de mucosidad y tos.

### Enfisema
«Enfisema» procede de una palabra griega que significa «hinchar». Es una enfermedad pulmonar crónica que se caracteriza por una distensión anormal de los alvéolos (sacos de aire). Este ensanchamiento de los sacos de aire a veces es tan grande que las paredes que hay entre ellos se rompen. Entre los síntomas, hay disnea cuando se realizan esfuerzos y tos que produce mucosidad.

### Hiperventilación
Muchos de nosotros solemos acelerar la respiración como respuesta al estrés. Entonces, a veces, la respiración puede volverse tan rápida que se produce un estado de hiperventilación (respiración excesiva).

La respiración rápida y continuada tiene como resultado un exceso de oxígeno y una reducción del dióxido de carbono. El nivel de dióxido de carbono en el cuerpo es el que determina el control de la respiración en el cerebro.

Si la respiración excesiva se prolonga, el oxígeno de más constriñe los vasos sanguíneos y dificulta la emisión de oxígeno de la hemoglobina en los tejidos (la hemoglobina es el pigmento de las células rojas de la sangre que contiene hierro. Su función es transportar el oxígeno de los pulmones a los tejidos). En consecuencia, si hay menos sangre, se transporta menos oxígeno.

La hiperventilación puede llevar a la ansiedad, que también puede convertirse en pánico. La persona que sufre cualquiera de los dos trastornos suele sentirse asustada e impotente. La hiperventilación también puede provocar una bajada de la tensión arterial, sensación de mareo, náuseas, hormigueo y adormecimiento de las manos y los pies, así como espasmos musculares.

## La reeducación respiratoria

Las enfermedades pulmonares crónicas y otros problemas respiratorios pueden ser agotadores y provocar ansiedad. Pueden producir una sensación de impotencia y a veces de desesperanza a quienes los padecen.

Los programas de reeducación respiratoria (rehabilitación respiratoria) ayudan a las personas que tienen estos problemas a mantener la máxima capacidad funcional, adquirir un sentido de la normalidad y recuperar un poco la alegría de vivir mediante la educación y la preparación física. Estos programas ayudan a prevenir la obstrucción de las vías respiratorias, a tratar las complicaciones respiratorias y a mejorar la calidad de vida en general.

También tienen como objetivo hacer que la respiración requiera menos esfuerzo y sea más eficaz, mejorar la oxigenación (la provisión de oxígeno) y favorecer la sensación de control. Además, estos programas enseñan a la gente con enfermedades respiratorias cómo relajarse. Como es lógico, muchas de las técnicas que se enseñan se basan en ejercicios de respiración del yoga (véase *pranayama*, pp. 8-9).

# POSTURA DEL ARCO
## (DHANURASANA)

### ⊕ Para qué sirve

▸ Expande el pecho para facilitar
una respiración profunda y
mejora la emisión de oxígeno
a los tejidos.

▸ Mantiene la columna vertebral
flexible y tonifica la espalda y
los músculos abdominales.

▸ Mejora el funcionamiento de
las estructuras de la zona renal
(en la región lumbar) y del
abdomen.

▸ Ayuda a aliviar el estreñimiento.

### ⊛ Cómo practicarla

1. Túmbese boca abajo con la barbilla
sobre la esterilla y las piernas
estiradas detrás y separadas en
una posición cómoda. Relaje la
mandíbula y respire rítmicamente.

2. Flexione una pierna y sujete el pie,
el tobillo o la parte inferior de la
pierna con la mano del mismo lado.

3. Flexione la otra pierna y sujétela,
como se indica arriba.

4. Espire e impulse los pies hacia
arriba. Con esta acción se levantan
las piernas y se arquea el torso.
Mantenga la cabeza erguida.

5. Respire rítmicamente mientras
mantiene esta postura entre 3 y
5 segundos para empezar, y más
tiempo cuando tenga más práctica.

6. Vuelva a la posición inicial con
cuidado. Descanse.

### ⊘ Nota

*Una buena posición para relajarse
después de hacer la postura del arco
es la postura del niño (p. 108).*

### ① Advertencia

*Evite hacer este ejercicio si tiene una
hernia, una enfermedad del corazón
grave o si está embarazada.*

# RESPIRACIÓN DIAFRAGMÁTICA RÍTMICA

### ⊕ Para qué sirve

▸ Permite la máxima entrada de oxígeno con el mínimo esfuerzo.

▸ Reduce el ritmo de la respiración y, por lo tanto, el del corazón.

▸ Aumenta la capacidad respiratoria (el volumen de aire inspirado y espirado en un ciclo de respiración normal, es decir, inspiración y espiración).

▸ Disminuye el volumen residual (el volumen de aire que se queda en los pulmones al final de una respiración máxima).

▸ El movimiento hacia arriba y hacia abajo del diafragma da un suave masaje a los órganos abdominales de manera que mejora su funcionamiento y circulación.

▸ Estimula una respiración natural y regular que fortalece el sistema nervioso y relaja el cuerpo.

▸ Aumenta la tolerancia al ejercicio.

### ⊛ Cómo practicarla

1. Túmbese boca arriba con las piernas estiradas y los brazos a los lados. Puede colocar un cojín, una almohada o una toalla doblada debajo de la cabeza. Relaje la mandíbula y respire rítmicamente. Cierre los ojos o déjelos abiertos.

2. Apoye una mano suavemente en el abdomen, justo debajo del esternón.

3. Apoye la otra mano suavemente en el pecho, justo debajo del pezón.

4. Con el abdomen lo más relajado posible, inspire por la nariz lentamente y con suavidad, y tan a fondo como pueda sin forzar. Cuando lo haga, la mano que tiene sobre el abdomen se levantará cuando el abdomen se mueva hacia arriba. La mano que está sobre el pecho debería moverse poco o no moverse.

5. Espire por la nariz lentamente y con suavidad, y soltando todo el aire que pueda sin forzar. Cuando lo haga, la mano que tiene sobre el abdomen se moverá hacia abajo cuando los músculos abdominales se contraigan.

6. Repita los pasos 4 y 5: inspiración seguida de espiración, varias veces sucesivamente y con suavidad.

7. Relaje los brazos y las manos. Respire rítmicamente.

### ⊘ Notas

• *Puede espirar con los labios fruncidos (p. 54).*

• *Si empieza a tener sensación de mareo, vuelva a respirar como siempre inmediatamente (si estaba practicando el ejercicio de pie, siéntese).*

• *Si no está seguro de que el abdomen deba subir o bajar, piense en un globo: cuando se pone aire dentro, se ensancha y se hace más grande. Cuando se deja salir el aire, se deshincha o se vuelve más plano.*

• *Cuando ya domine la respiración diafragmática en posición tumbada, pruebe a hacerla en otras posiciones (sentado con el cuerpo erguido, apoyado o de pie). Intégrela en actividades diarias, por ejemplo cuando pase la aspiradora por la alfombra, suba y baje las escaleras o rastrille las hojas del jardín.*

# RESPIRACIÓN CON LOS LABIOS FRUNCIDOS *(RESPIRACIÓN SILBANTE)*

### ⊕ Para qué sirve

▸ Permite que las vías respiratorias (que conducen a los pulmones) permanezcan abiertas más tiempo, y así se reduce la cantidad de aire retenido en los sacos de aire (alvéolos). Permite que se pueda espirar un volumen de aire más grande de lo habitual.

▸ Prolonga la espiración y da una sensación de control.

▸ Le enseña a controlar el ritmo y profundidad de la respiración de manera que alivia la disnea (dificultad para respirar) y la ansiedad que a menudo la acompaña.

### ⊛ Cómo practicarla

1. Siéntese con el cuerpo erguido en una posición cómoda. Relaje los brazos y las manos (también puede practicar este ejercicio en posición tumbada o de pie).

2. Relaje la mandíbula y respire rítmicamente.

3. Inspire por la nariz lentamente, con suavidad, y tan profundamente como pueda sin esfuerzo.

4. Espire con los labios fruncidos, como si silbara o soplara para enfriar una bebida caliente. Hágalo lentamente, con suavidad y soltando todo el aire sin forzar.

5. Repita los pasos 3 y 4: inspiración seguida de espiración varias veces sucesivamente y con suavidad.

6. Cierre la boca pero no apriete la mandíbula, y vuelva a respirar regularmente.

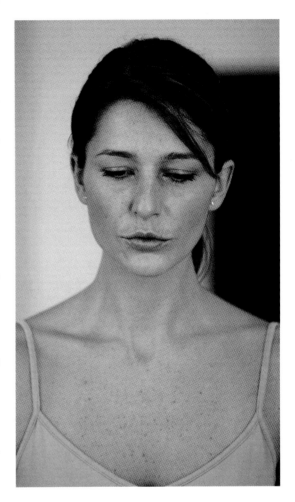

### ⊘ Notas

• *Puede practicar este ejercicio con una vela encendida colocada sobre un objeto delante de usted. Espire con los labios fruncidos, tal como se indica arriba. Sople de manera continuada la llama encendida de forma que parpadee, pero sin apagarla.*

• *Cuando ya domine la técnica, puede prescindir de la vela y simplemente visualizar la llama.*

• *Asegúrese de apagar la vela cuando acabe el ejercicio. Se debe supervisar a los niños que aprendan esta técnica con una vela encendida.*

• *Integre la respiración con los labios fruncidos en actividades diarias como subir y bajar las escaleras y mientras espera en un semáforo.*

## ESTIRAMIENTO DE COSTADOS *(LATERAL)*

### ⊕ Para qué sirve

▶ Facilita el libre movimiento del tórax y el diafragma para que la respiración sea más eficaz.

▶ Mantiene la columna vertebral flexible.

▶ Tonifica los músculos de la espalda y abdominales.

▶ Evita que la grasa se acumule en el estómago.

### ⊛ Cómo practicarlo

1. Siéntese con el cuerpo erguido en una posición cómoda. Relaje la mandíbula y respire rítmicamente.

2. Apoye la palma de la mano derecha en la esterilla.

3. Inspire y estire el brazo izquierdo recto hacia arriba con la palma de la mano levantada.

4. Con la parte inferior del cuerpo quieta, espire y estire la parte superior del torso hacia la derecha lentamente y con suavidad. Relaje la muñeca o ponga los dedos hacia la derecha.

5. Mantenga el estiramiento durante 5 segundos para empezar, pero siga respirando rítmicamente.

6. Inspire y ponga el cuerpo erguido. Relaje el brazo izquierdo.

7. Repítalo, estirando el brazo derecho. Descanse.

## LIMPIEZA NASAL *(NETI)*

### ⊕ Para qué sirve

▶ Mantiene las fosas nasales despejadas y suaviza el revestimiento mucoso.

▶ Aumenta la tolerancia a los agentes irritantes de la membrana mucosa de la nariz.

▶ Potencia la armonía fisiológica, ya que permite respirar libremente a través de los orificios nasales.

### ⊛ Cómo practicarla

1. Disuelva un cuarto de cucharadita de sal en una taza de agua templada (la concentración aproximada de sodio en la sangre y los fluidos de los tejidos).

2. Vierta un poco de solución en una mano limpia ahuecada. Cierre un orificio de la nariz con el pulgar u otro dedo y con mucho cuidado inhale un poco por el orificio abierto.

3. Espire, enérgicamente pero sin forzar, para expulsar el líquido en una palangana u otro recipiente.

4. Repita el procedimiento con el mismo orificio 1 ó 2 veces.

5. Repita el procedimiento 2 ó 3 veces con el otro orificio. Respire con normalidad y descanse.

### ⊘ Nota

*Puede encontrar unos recipientes especiales para el neti en tiendas que vendan artículos de yoga.*

# Asma

«Asma» viene de una palabra griega que significa «jadeo», y esto es representativo de lo que sucede durante un ataque de asma.

En el asma, los conductos musculares a través de los cuales el aire circula hacia dentro y fuera de los pulmones (vías respiratorias) se tensan, se inflaman e hinchan y se vuelven hiperactivos, y se produce un exceso de mucosidad. Así se limita el flujo de aire y el resultado es una dificultad para respirar (que se conoce como disnea). Otros síntomas asociados con el asma son: respiración ruidosa, opresión en el pecho, retracciones (hundimiento de la piel del pecho o el cuello), ataques de tos, fatiga y hormigueo en los dedos de los pies y las manos, que son indicio de hiperventilación (p. 50).

El asma puede afectar a cualquier persona, pero es más frecuente en los niños pequeños. Entre los agentes que pueden desencadenar o agravar un ataque de asma hay: el humo del tabaco, el polen de las plantas, las flores, la hierba, la caspa de los animales (pequeñas escamas de piel muerta), los ácaros del polvo, el moho, las cucarachas, algunos alimentos y medicinas, el aire frío y algunos tipos de ejercicios.

Aunque los agentes infecciosos pueden desencadenar un ataque de asma, el asma no se propaga por gérmenes y no es contagioso. El estrés emocional, aunque no sea una causa directa, sin duda puede provocar o empeorar un ataque de asma.

## Prevenir el asma

La mejor forma de prevenir el asma es evitar los desencadenantes. El más difícil de controlar es el polvo de la casa, que se encuentra en casi todos los hogares, especialmente en la habitación de los niños. Intente controlar la acumulación de polvo sacando las alfombras, cortinas y otros objetos similares donde se acumula el polvo; utilizando fundas para los colchones y las almohadas; ventilando más, y limpiando con regularidad.

## Asma y ejercicio

Aunque algunos tipos de ejercicios pueden producir un ataque de asma, las personas que padecen asma no deberían evitar hacer ejercicios que sean apropiados. Antes de realizar el ejercicio que haya escogido consúltelo con el médico.

Se pueden obtener muchos beneficios haciendo un ejercicio apropiado con regularidad (por ejemplo, el yoga): mantiene la fuerza y eficacia de los músculos del corazón y de la respiración, de manera que se necesita menos energía para hacer frente a los síntomas molestos, y se consigue un cuerpo flexible y en forma, que ayuda a evitar el exceso de peso que puede complicar el asma. El ejercicio también favorece una sensación de calma y conciencia que le permite trabajar con la respiración y utilizarla en beneficio suyo.

Si le han recetado algún medicamento, tómelo antes de empezar a hacer ejercicio (consúltelo con el médico) para ayudar a prevenir que aparezcan síntomas de asma. Deje que los broncodilatadores actúen en el cuerpo entre 15 y 30 minutos antes de empezar (un broncodilatador es un medicamento que hace que las vías respiratorias se abran).

## POSTURA DEL PEZ *(MATSYASANA)*

⊕ **Para qué sirve**

▸ Expande el pecho para facilitar una respiración profunda.

▸ Mejora el funcionamiento de los órganos del abdomen y la pelvis mediante el estiramiento de la parte media del tronco y dando un suave masaje interno.

▸ Es útil contra el estreñimiento.

✸ **Cómo practicarla**

1. Túmbese boca arriba con las piernas estiradas hacia delante y los brazos a los lados. Relaje la mandíbula y respire rítmicamente.

2. Flexione los brazos y haga presión sobre los codos para poder levantar el pecho y arquear la espalda.

3. Estire el cuello con mucho cuidado y deje caer la cabeza hacia los hombros. Apoye la parte superior de la cabeza suavemente en la esterilla (descanse la mayor parte del peso en las nalgas y codos, no en la cabeza).

4. Mantenga esta postura unos segundos para empezar, y más tiempo cuando le resulte más cómoda. Respire lentamente, con suavidad y tan profundamente como pueda sin forzar.

5. Termine la postura con mucho cuidado y vuelva a la posición inicial. Descanse.

✎ **Nota**

*La flexión de la rodilla (p. 39) es una buena postura para hacer después del pez.*

⊙ **Advertencias**

• *Evite hacer esta postura durante los tres primeros días de la menstruación.*

• *Evite hacerla si tiene dolor en el cuello o padece un trastorno del equilibrio, por ejemplo vértigo o mareo.*

• *Si tiene problemas de tiroides, antes consúltelo con el médico si tiene pensado incluir esta postura en su programa de ejercicios.*

# POSTURA DEL PERRO *(ADHO MUKHA)*

### ⊕ Para qué sirve

▸ Ayuda a drenar la mucosidad que se ha acumulado en las vías respiratorias y alivia la congestión.

▸ Alivia el cansancio de la espalda y las piernas.

▸ Mantiene la elasticidad de los músculos del tendón de la corva (parte posterior de las piernas). Cuando estos músculos se acortan, afectan a la inclinación de la pelvis y, por lo tanto, a la postura.

### ⊛ Cómo practicarla

1. Empiece en la posición a gatas, sobre las manos y las rodillas. Incline los brazos ligeramente hacia delante y mantenga la espalda recta. Relaje la mandíbula y respire rítmicamente durante todo el ejercicio.

2. Inclínese ligeramente hacia delante, levante las rodillas y ponga las piernas y los brazos rectos. Deje caer la cabeza. Dirija los talones hacia la esterilla sin forzar los músculos de la parte posterior de las piernas.

3. Mantenga esta postura con las caderas levantadas y la cabeza hacia abajo durante 5 segundos para empezar; y progresivamente más tiempo cuando ya le resulte más cómodo. Siga respirando rítmicamente.

4. Inclínese hacia delante suavemente y prepárese para volver a la posición inicial.

5. Siéntese sobre sus talones (véase la postura del diamante, p. 20) y descanse unos segundos.

### ⊘ Notas

• *Después de hacer este ejercicio puede descansar en la postura del niño (p. 108).*

• *Observe que la postura del perro también forma parte de la secuencia de saludo al sol (pp. 89-91).*

### ⓘ Advertencia

*No practique este ejercicio si tiene la tensión arterial alta, o tiene una enfermedad del corazón u otra dolencia que le produzca sensación de mareo cuando deja caer la cabeza.*

# EXTENSIÓN DEL PECHO
## (KARMASANA)

⊕ **Para qué sirve**

▸ Facilita una respiración profunda.

▸ Contrarresta los efectos adversos que pueden derivarse de una excesiva curvatura hacia delante.

▸ Mejora la postura.

▸ Reduce la tensión acumulada en los hombros y en la parte superior de la espalda.

⊛ **Cómo practicarlo**

1. Póngase de pie con el cuerpo erguido. Relaje los brazos a los lados. Relaje la mandíbula y respire rítmicamente.

2. Inspire y lleve los brazos hacia atrás. Entrelace los dedos de una mano con los de la otra. Levante las manos entrelazadas tan arriba como le resulte cómodo sin inclinarse hacia delante.

3. Mantenga la postura tanto tiempo como pueda sin forzar, y vaya respirando rítmicamente.

4. Baje los brazos y desenlace los dedos. Encoja los hombros varias veces antes de descansar.

⊘ **Nota**

*También puede practicar la extensión de pecho en cualquier posición sentada cómoda.*

# RESPIRACIÓN ANTIANSIEDAD

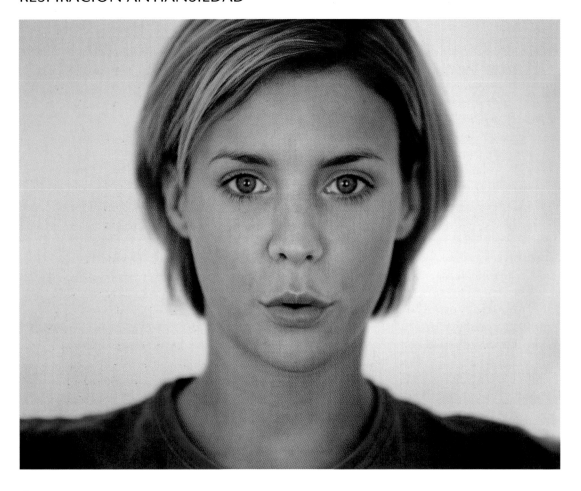

⊕ **Para qué sirve**

▸ **Contrarresta la ansiedad y previene el pánico.**

▸ **Favorece la sensación de control.**

▸ **Le enseña a prolongar la espiración, lo cual para mucha gente con asma es difícil de hacer.**

▸ **Es útil para controlar emociones perturbadoras como la ira y la frustración.**

⊛ **Cómo practicarla**

1. Siéntese con el cuerpo erguido en una posición cómoda. Relaje los hombros, los brazos y las manos. Relaje la mandíbula y respire rítmicamente.

2. Inspire por la nariz lentamente, con suavidad, y tan profundamente como pueda sin forzar.

3. Espire por la nariz (o con los labios fruncidos, como si soplara para enfriar una bebida caliente) lentamente, con suavidad y soltando todo el aire que pueda sin forzar.

4. Antes de volver a inspirar, cuente mentalmente y lentamente: «uno, mil», «dos, mil», para alargar y retrasar la espiración y evitar la hiperventilación.

5. Repita los pasos del 2 al 4, varias veces sucesivamente y con suavidad, hasta que la respiración sea más lenta y empiece a tranquilizarse.

6. Vuelva a respirar rítmicamente.

⊘ **Notas**

• *También puede practicar este ejercicio de pie o en posición tumbada.*

• *Pruebe a combinar la imaginación con la respiración. Por ejemplo, cuando inspire, imagine que aporta a su cuerpo cualidades positivas y curativas como el amor, la paciencia, el valor y la esperanza. Cuando espire, visualice que con la espiración saca fuera emociones poco saludables como el miedo, el desánimo y el resentimiento. Utilice imágenes con las que se sienta totalmente a gusto.*

# La tensión arterial

La tensión arterial es la presión que se ejerce en las paredes de las arterias y venas y en las cámaras del corazón por el bombeo de éste. Hay dos tipos de tensión arterial:

La tensión sistólica indica la contracción del corazón en su nivel máximo cuando bombea la sangre por los vasos sanguíneos grandes. La tensión diastólica es la presión en el momento en que el corazón se relaja (dilata) y el sistema circulatorio tiene la tensión mínima.

Generalmente la tensión arterial normal de un adulto se considera que es inferior a 130 (sistólica) e inferior a 85 (diastólica).

## La hipertensión (tensión arterial alta)

Es una dolencia en que una persona tiene una tensión arterial más alta de lo que se considera normal. El principal factor de la hipertensión es el estrechamiento o endurecimiento de las arterias.

La tensión arterial alta no suele producir síntomas, y millones de personas no saben que la tienen hasta que se les descubre en un reconocimiento médico rutinario.

Algunos factores que contribuyen a tener la tensión arterial alta son: la herencia, el estrés (p. 88), el sobrepeso (p. 113), fumar, un consumo elevado de alcohol, el abuso de estupefacientes, un consumo elevado de sal y el uso de ciertos medicamentos, entre ellos algunos anticonceptivos orales. Algunas mujeres también pueden padecer hipertensión como consecuencia de la preeclampsia, que es una afección anormal del embarazo.

La hipertensión, si no se trata, puede derivar en enfermedades graves, como una enfermedad coronaria (del corazón), una insuficiencia cardíaca congestiva, un accidente cerebrovascular o una enfermedad cardiovascular (del corazón y los vasos sanguíneos). Como en el caso de muchas otras enfermedades, es mejor prevenir que curar, y algunas medidas preventivas pueden ayudar a evitar tener la tensión arterial alta.

# POSTURA DEL CADÁVER
## (SAVASANA)

### ⊕ Para qué sirve

▶ De todas las técnicas de relajación, ésta es posiblemente la que más se utiliza, la que gusta más y la más eficaz. Si se practica regularmente:

▶ Favorece un estado de relajación total y profunda que ayuda a crear la base para el bienestar y la curación.

▶ Ayuda a hacer frente al estrés.

▶ Ayuda a bajar la tensión arterial a niveles dentro de lo normal.

▶ Rompe el ciclo de miedo-tensión-dolor y, por lo tanto, ayuda a controlar el dolor y la ansiedad.

▶ Tiene un efecto calmante sobre la mente, y también sobre los órganos internos y otras estructuras.

## ⊛ Cómo practicarla

1. Túmbese boca arriba con las piernas estiradas hacia delante y separadas en una posición cómoda. Relaje los brazos, un poco separados de los lados, con las palmas de las manos hacia arriba. Si quiere, puede apoyar la cabeza en una almohada pequeña. Cierre los ojos, relaje la mandíbula y respire rítmicamente durante todo el ejercicio.

2. Contraiga las piernas, empuje los talones hacia fuera y tire los dedos de los pies hacia usted. Aguante la tensión unos segundos y a continuación relaje completamente los pies y las piernas («aguantar» se refiere a mantener la contracción muscular o la tensión, y «relajar» a soltarla).

3. Apriete las nalgas. Aguante unos segundos. Relaje.

4. En una espiración, apriete la región lumbar hacia o contra la esterilla. Notará que el abdomen se tensa. Aguante unos segundos y vaya respirando rítmicamente. Relaje.

5. Inspire y apriete las paletas de los hombros para juntarlas. Aguante. Espire y relaje. Respire rítmicamente.

6. Espire y apriete el abdomen. Inspire y relaje. Respire rítmicamente.

7. Respire hondo lentamente y sin esfuerzo, y sienta cómo se expande el pecho. Deje salir todo el aire suavemente. Relaje el pecho y el abdomen. Respire rítmicamente.

8. Contraiga los puños y levante los brazos de la esterilla. Aguante. Deje caer los brazos, relajados, a la esterilla. Relaje las manos y los dedos.

9. Con los brazos relajados, encoja los hombros. Aguante. Relaje.

10. Haga rodar la cabeza suavemente de un lado a otro varias veces. Vuelva a poner la cabeza en la posición inicial.

11. En una espiración, abra bien la boca, saque la lengua, abra bien los ojos como si mirara fijamente y tense todos los músculos faciales.

12. Inspire, cierre la boca y los ojos y visualice que toda la tensión y la fatiga desaparecen.

13. Durante los próximos minutos, o más tiempo si puede, siga en posición tumbada y abandónese totalmente: deje que la superficie en la que yace sostenga todo su peso. Con cada espiración, húndase más en la superficie. Con cada inspiración, imagine que respira energías positivas como la paz, la curación y la renovación.

14. Gire la cabeza suavemente de un lado a otro varias veces, haga girar los tobillos y estire las extremidades lentamente. Levántese con cuidado (p. 64).

## ⊘ Notas

- *Puede practicar la postura del cadáver en otras posiciones (p. 64). Modifique las instrucciones del ejercicio de acuerdo con éstas.*

- *Tenga a mano un jersey, una manta ligera o unos calcetines gruesos. Utilícelos si es necesario para no coger frío, pues durante la relajación la temperatura corporal baja.*

- *El paso 11 de las instrucciones describe un ejercicio de yoga que se conoce como el león (simhasana). Puede practicarse como una postura aparte, en posición sentada o de pie, para ayudar a prevenir el dolor de garganta o evitar que empeore.*

- *En el paso 13 de las instrucciones utilice las imágenes con las que se sienta más a gusto. Por ejemplo, puede visualizar que está en posición tumbada en una playa cálida y arenosa, oyendo las olas que rompen en la orilla y sintiendo la suave caricia de la brisa en su piel.*

- *Practique este ejercicio en un lugar en que pueda estar sin interrupciones entre 10 y 20 minutos.*

- *Cuando domine las técnicas, puede prescindir de tensar y relajar alternativamente grupos de músculos. En su lugar, puede dar indicaciones mentalmente a cada parte del cuerpo sucesivamente; por ejemplo: «Hombros, soltad la tensión. Relajaos».*

- *Puede grabar las instrucciones del ejercicio en una grabadora o pedir a un amigo que tenga una voz agradable que lo haga. Hable lentamente y con voz tranquila. Escuche la grabación cuando lo necesite, por ejemplo antes de acostarse por la noche o cuando tenga ansiedad.*

## POSICIONES ALTERNATIVAS

Si no puede practicar la postura del cadáver en posición supina, pruebe una de las siguientes:

## PIERNAS SOBRE UNA SILLA

1. Túmbese boca arriba en una esterilla antideslizante encima del suelo y, si lo desea, con una almohada pequeña bajo la cabeza y el cuello. Relaje los brazos a los lados. Relaje la mandíbula y respire rítmicamente.
2. Levante las piernas de una en una, y flexiónelas de manera que formen un ángulo de 90 grados en las articulaciones de las caderas y las rodillas. Apoye la parte inferior de las piernas en el asiento acolchado de una silla.
3. Cuando se disponga a levantarse, levante del asiento primero una pierna y luego la otra con cuidado, túmbese de costado y póngase en una posición sentada (véase más abajo).

## POSICIÓN TUMBADA DE COSTADO

Algunas personas encuentran más cómodo tumbarse de costado que boca arriba. Antiguamente los practicantes de yoga creían que tumbarse sobre el costado derecho (*daksinasana*) favorecía un sueño profundo.

1. Escoja una superficie firme donde tumbarse.
2. Túmbese de costado, con las articulaciones de las caderas y las rodillas flexionadas. Apoye la cabeza en una almohada. Coloque también almohadas debajo de las partes en que sobresalga el hueso, como las rodillas y los tobillos.
3. Cuando se disponga a levantarse, hágalo con cuidado (véase más abajo).

## INCORPORARSE SIN HACERSE DAÑO

Evite incorporarse de golpe cuando esté en posición supina. Utilice la siguiente técnica y vaya respirando lentamente y con suavidad con la mandíbula relajada.

1. Póngase de costado, flexione las rodillas y acérquelas más al pecho.
2. Ayúdese con las manos para darse impulso y quedar sobre la cadera.
3. Gírese con cuidado para sentarse simétricamente sobre las nalgas.
4. Póngase de pie lentamente.

# CONCENTRACIÓN EN UNA VELA
## *(TRATAK)*

⊕ **Para qué sirve**

▸ La concentración en una vela, que tradicionalmente es uno de los seis ejercicios de purificación, estimula ciertos centros nerviosos para mejorar la concentración y produce un efecto calmante.

▸ Es un ejercicio útil antes de acostarse para aquellos que sufren insomnio.

▸ Fortalece los ojos.

✴ **Cómo practicarlo**

1. Coloque una vela encendida sobre un objeto delante de usted de manera que la llama esté a la altura de los ojos o justo debajo.

2. Siéntese con el cuerpo erguido en una posición cómoda. Relaje los hombros, los brazos y las manos. Relaje la mandíbula y respire rítmicamente durante todo el ejercicio.

3. Mire fijamente a la llama, durante 1 minuto aproximadamente, para empezar. Parpadee si lo necesita.

4. Ahora cierre los ojos e intente retener o recordar la imagen de la llama. No se preocupe si se le va de la mente. Abra los ojos y pruebe a hacer el ejercicio otra vez.

5. Gradualmente vaya aumentando la duración del ejercicio hasta 3 minutos o más.

6. Apague la vela cuando haya terminado.

## Problemas digestivos

Las afecciones digestivas son muy generalizadas y representan uno de los motivos más comunes por los que la gente toma medicamentos o va al médico.

Entre los problemas que se producen en el estómago y los intestinos hay: acidez de estómago y dolor de pecho, retortijones abdominales, náuseas y vómitos, estreñimiento, diarrea, problemas para tragar, eructos, hinchazón, gases intestinales, indigestión, hemorragias y pérdida de peso.

### Acidez de estómago

La acidez de estómago es una sensación de ardor en el pecho. Puede empezar en la parte superior del abdomen y avanzar hacia el cuello. También puede producir un sabor agrio en la boca, especialmente cuando se está en posición tumbada.

Algunas de las causas de la acidez de estómago son: comer en exceso y tener sobrepeso, tumbarse demasiado pronto después de comer, tomar demasiado alcohol y cafeína, así como acostarse por la noche con el estómago lleno.

Si a menudo tiene acidez de estómago, o si toma antiácidos casi a diario, debería consultarlo con un médico: la acidez puede ser un síntoma de una enfermedad más grave como la enfermedad por reflujo gastroesofágico (ERGE) o cálculos biliares. Si la acidez de estómago empeora, especialmente si va acompañada de un dolor que irradia hacia un brazo, puede indicar un ataque al corazón y debería pedir asistencia médica inmediatamente.

### Indigestión

La indigestión comprende varios síntomas, entre ellos: molestias abdominales, náuseas, acidez de estómago, hinchazón y eructos.

Algunas de las causas son: inflamación del estómago (gastritis), úlcera péptica (úlcera del estómago y del intestino delgado), alergia alimentaria (p. 119) y algunos medicamentos. La indigestión también puede ser provocada por una emoción intensa.

Con menos frecuencia, puede ser un síntoma de una enfermedad del páncreas o de la vesícula biliar.

Por lo general, tener una indigestión aislada no es un motivo de preocupación. No obstante, si se produce frecuentemente, consulte a un médico.

### Gases

Cuando tragamos la comida, también solemos tragar aire. Cuando el aire se acumula en el aparato digestivo, puede provocar eructos o hinchazón o flatulencia (exceso de gases en el intestino) cuando el aire va hasta el colon. El estreñimiento también puede contribuir a la formación de gases intestinales.

Se pueden tomar algunas medidas para prevenir esta acumulación de gases, por ejemplo: limitar el consumo de alimentos que producen gases, como los guisantes, las alubias, la col, el salvado y las frituras u otros alimentos grasos, e incluso algunos edulcorantes artificiales. Sin embargo, cuando limite el consumo de estos alimentos, procure no perder las vitaminas y minerales esenciales. Le puede ser de ayuda consultarlo con un dietista.

Haga ejercicio con regularidad. La práctica de ejercicio ayuda a prevenir el estreñimiento y reduce la acumulación de gases y la hinchazón.

## El estreñimiento

Cuanto más tiempo estén en el colon los excrementos, menos agua tendrá éste. Esto es debido al hecho de que el colon absorbe agua de los residuos de la comida. Con el tiempo, estos excrementos se vuelven secos y difíciles de expulsar.

Con la edad, los músculos del aparato digestivo pueden volverse menos activos y más perezosos, y el estreñimiento puede volverse un problema. Otras causas del estreñimiento son: no beber suficientes líquidos, especialmente agua; no comer suficientes alimentos que contienen fibra (como alimentos integrales, vegetales y fruta), y hacer poco ejercicio.

Algunos medicamentos que retrasan la digestión también pueden provocar estreñimiento; entre ellos están los narcóticos y los antiácidos que contienen aluminio.

Aunque generalmente el estreñimiento se puede aliviar, si persiste, a veces puede ser indicio de un problema más grave. Si tiene los siguientes síntomas, consúltelo con un médico y pídale consejo:

- Recientemente ha observado un cambio en los hábitos de evacuación para el cual aparentemente no hay ninguna explicación.
- Ha estado una semana o más sin evacuar, a pesar de tomar medidas alimentarias o hacer ejercicio.
- Ha observado sangre en las deposiciones o ha tenido un fuerte dolor abdominal.

# POSTURA DEL PALO
## *(YASTIKASANA)*

⊕ **Para qué sirve**

▶ **Relaja los músculos abdominales y pélvicos tensos.**

▶ **Permite estirar el cuerpo al máximo.**

▶ **Ayuda a contrarrestar las malas posturas.**

⊛ **Cómo practicarla**

1. Túmbese boca arriba con las piernas estiradas hacia delante y las manos a los lados. Relaje la mandíbula y respire rítmicamente. Cierre los ojos o déjelos abiertos.

2. Inspire lentamente, con suavidad, y tan profundamente como pueda sin forzar mientras estira las manos y los brazos rectos por encima de la cabeza. Al mismo tiempo, estire las piernas, empuje los talones hacia fuera y tire los dedos de los pies hacia usted.

3. Mantenga la postura, durante 5 segundos para empezar, y siga respirando rítmicamente.

4. Espire y relaje el cuerpo. Vuelva a llevar los brazos a los lados. Descanse.

⊘ **Nota**

*En la página 116 encontrará una variante de esta postura de pie.*

# ÁNGULO EN EQUILIBRIO

⊕ **Para qué sirve**

▸ **Fortalece los músculos abdominales para que los órganos del abdomen tengan un soporte eficaz.**

▸ **Contrarresta el estreñimiento.**

▸ **Ayuda a prevenir el dolor de espalda (al fortalecer los músculos abdominales).**

▸ **Nos mantiene concentrados, lo cual nos calma.**

⊛ **Cómo practicarlo**

1. Siéntese con las rodillas flexionadas y las plantas de los pies, planas, en la esterilla. Relaje la mandíbula y respire rítmicamente durante todo el ejercicio.

2. Con cuidado, inclínese hacia atrás para levantar los pies de la esterilla.

3. Estire los brazos rectos hacia delante, por la parte externa de las piernas.

4. Empiece a poner rectas las piernas de manera lenta y concentrada. Ajuste la inclinación para mantener el equilibrio.

5. Mantenga la postura tanto tiempo como le resulte cómodo, y vaya respirando rítmicamente.

6. Flexione las rodillas y relaje los brazos para terminar la postura y volver a la posición inicial. Descanse.

# LA MEDIA LANGOSTA *(ARDHA SALABHASANA)*

⊕ **Para qué sirve**

▸ **Estimula suavemente los órganos abdominales y ayuda a mejorar su funcionamiento.**

▸ **Combate el estreñimiento.**

▸ **Fortalece la espalda y las piernas.**

▸ **Mejora el funcionamiento de las glándulas suprarrenales y los riñones mediante un suave masaje interno.**

⊛ **Cómo practicarla**

1. Túmbese boca abajo, con la barbilla sobre la esterilla y las piernas juntas. Mantenga los brazos rectos y cerca del cuerpo. Relaje la mandíbula y respire rítmicamente.

2. Espire y levante lentamente una pierna, recta y tan arriba como le resulte cómodo. Deje las manos, planas, a los lados.

3. Mantenga la postura con la pierna levantada tanto tiempo como pueda sin forzar, y vaya respirando rítmicamente.

4. Lentamente, baje la pierna a la esterilla y sincronice el movimiento con la respiración rítmica.

5. Repita el ejercicio con la otra pierna. Descanse.

⊘ **Nota**

*La postura del niño (p. 108) es una buena posición para relajarse después de hacer la media langosta.*

① **Advertencias**

*Evite hacer la media langosta si tiene una hernia o una afección cardíaca grave.*

*No lo incluya en su programa de ejercicios si está embarazada.*

# LA LANGOSTA *(SALABHASANA)*

### ⊕ Para qué sirve
▸ **Este ejercicio tiene los mismos beneficios que la media langosta.**

### ⊛ Cómo practicarla
1. Túmbese boca abajo, con la barbilla sobre la esterilla y las piernas juntas. Mantenga los brazos rectos y cerca de los lados del cuerpo. Relaje la mandíbula y respire rítmicamente.
2. En una espiración, levante las dos piernas juntas, como una unidad, tan arriba como pueda con total comodidad. Mantenga los brazos rectos y las palmas de las manos sobre la esterilla.
3. Mantenga la postura con las piernas levantadas, entre 3 y 5 segundos para empezar, y vaya respirando rítmicamente.
4. Con cuidado y control, baje las piernas a la esterilla como una unidad. Descanse.

### ⊘ Nota
*La postura del niño (p. 108) es una buena posición para relajarse después de hacer la langosta.*

### ⊙ Advertencias
*Son las mismas que las indicadas anteriormente en la media langosta.*

# MEDITACIÓN SIMPLE

### ⊕ Para qué sirve

▶ Desvía la atención de estímulos que nos puedan perturbar y la concentra en un punto. Es muy calmante para el sistema nervioso y otros sistemas del cuerpo, así como para todas las estructuras internas.

▶ Véanse también los ejercicios de meditación (pp. 9-10).

### ⊛ Cómo practicarla

1. Siéntese con el cuerpo erguido en una posición cómoda. Relaje la mandíbula y respire rítmicamente. Relaje los hombros, los brazos y las manos. Cierre los ojos.

2. Inspire por la nariz lentamente y con suavidad.

3. Mientras espira lentamente y con suavidad por la nariz, diga «uno» mentalmente.

4. Repita los pasos 2 y 3 una y otra vez, sucesivamente y con suavidad. Si su atención se desvía, vuelva a dirigirla poco a poco a la respiración y a la repetición de «uno» en cada espiración.

5. Cuando se disponga a terminar la meditación, hágalo lentamente: abra los ojos, estire las extremidades despacio o deles un masaje suave. Nunca termine la meditación repentinamente.

### ⊘ Notas

• *No se desanime si al principio se distrae con frecuencia cuando intente meditar. Con el tiempo y con perseverancia ya no le ocurrirá tan a menudo.*

• *En lugar de utilizar la palabra «uno» puede escoger otra palabra o frase corta. Es especialmente eficaz usar palabras relacionadas con sus creencias, por ejemplo «amén», «om», «shalom», «salaam» o «paz y amor».*

# Problemas urinarios

Algunos de los problemas urinarios más comunes son los siguientes:

## Frecuencia urinaria

Cuando se orina más a menudo que cada dos horas, el término que se utiliza para designar esta afección es *frecuencia urinaria*. Entre las causas hay: disminución de la capacidad de la vejiga, cambios en el volumen de orina, inflamación y trastornos psicológicos.

## Disuria

La micción dolorosa o difícil se denomina *disuria*. La disuria, que suele describirse como una sensación de escozor, normalmente se asocia con una infección e inflamación de la vejiga y sus estructuras.

## Nocturia

El exceso de micción durante la noche se conoce como *nocturia*. Se interrumpe el sueño por la necesidad de orinar más de dos veces cada noche. La nocturia se asocia con las afecciones que se indican más arriba en el apartado de frecuencia urinaria, y también con algunos problemas circulatorios.

## Cistitis

Es una inflamación de la vejiga. Generalmente es resultado de una infección del tracto urinario (ITU). Provoca una micción frecuente y dolorosa.

La cistitis y otras ITU se producen unas ocho veces más en mujeres que en hombres, probablemente porque la uretra femenina (conducto por donde se expulsa la orina) es más corta y se encuentra más cerca del ano y la vagina. Esto facilita que se infecte.

Algunas medidas de autoayuda para aliviar la cistitis son: evitar tomar bebidas con cafeína o alcohol, que suelen irritar el revestimiento de la vejiga, y aumentar el consumo de líquidos, especialmente de agua y zumo de arándanos (éste acidifica la orina).

## Incontinencia urinaria

Este término indica la incapacidad de retener la orina, que normalmente es debida a la pérdida de control del músculo del esfínter que abre y cierra la uretra. Puede derivarse de una enfermedad o una lesión que afecta al cerebro o a la médula espinal. También puede ser un efecto secundario de varios medicamentos, entre ellos los tranquilizantes, los diuréticos de acción rápida y los agentes que bajan la tensión arterial.

## Incontinencia urinaria por estrés

Es una pérdida de orina involuntaria, que suele producirse al toser, estornudar o reír. Sucede cuando aumenta la presión abdominal, en personas con los músculos del esfínter débiles.

En las mujeres, la incontinencia urinaria se produce frecuentemente como consecuencia de un trauma quirúrgico u obstétrico, un debilitamiento o prolapso de los órganos pélvicos tras varios partos y un descenso de estrógenos, como sucede en la menopausia.

En los hombres, el aumento del tamaño de la próstata o el debilitamiento de las estructuras genitourinarias (de los órganos genitales y urinarios) tras una operación de próstata pueden producir incontinencia urinaria por estrés.

# POSTURA DE LA ESTRELLA

### ⊕ Para qué sirve

▸ Mejora la circulación pélvica.

▸ Tonifica los muslos y el suelo pélvico.

▸ Mantiene la columna vertebral flexible.

▸ Ayuda a aliviar los dolores de espalda leves.

▸ Mantiene una buena movilidad de las articulaciones de las caderas, las rodillas y los tobillos, además de evitar la rigidez.

### ⊛ Cómo practicarla

1. Siéntese en la esterilla con el cuerpo erguido y las piernas estiradas hacia delante. Relaje la mandíbula y respire rítmicamente.

2. Doble una pierna hacia dentro y apoye el pie junto a la otra rodilla.

3. Doble la otra pierna y junte las plantas de los pies. Mantenga esta distancia entre los pies y el cuerpo. Una las manos alrededor de los pies.

4. En una espiración, flexione el cuerpo hacia delante lentamente y con suavidad, mejor por las articulaciones de las caderas que por la cintura, y lleve la cara tan cerca de los pies como le resulte cómodo. Relaje el cuello.

5. Mantenga la postura tanto tiempo como pueda, sin forzar, y vaya respirando rítmicamente.

6. Despacio, vuelva a sentarse con el cuerpo erguido y sincronice el movimiento con la respiración rítmica.

7. Relaje los brazos y las manos, y descanse.

# LA MARIPOSA

## ⊕ Para qué sirve

▸ Mantiene una buena movilidad de las articulaciones de los tobillos, rodillas y caderas, y evita la rigidez.

▸ Estira y tonifica los músculos de la cara interior de los muslos y las ingles.

▸ Mejora la circulación en las estructuras de la parte inferior de la pelvis.

## ⊛ Cómo practicarla

1. Siéntese en la esterilla con el cuerpo erguido y las piernas estiradas hacia delante. Relaje la mandíbula y respire rítmicamente durante todo el ejercicio.

2. Doble una pierna hacia dentro. Doble la otra pierna y junte las plantas de los pies. Una las manos alrededor de los pies y acérquelos cómodamente al cuerpo.

3. Suba y baje las rodillas alternativamente, regularmente y a un ritmo moderado, como una mariposa que bate las alas. Hágalo entre 10 y 20 veces.

4. Desdoble las piernas con cuidado y estírelas, primero una y después la otra. Descanse.

## ⓘ Advertencia

*Evite hacer este ejercicio si tiene dolor en la zona púbica.*

## ▼ Variante

1. Siéntese en la esterilla. Apoye las palmas de las manos en la esterilla, junto a las caderas.

2. Doble las piernas hacia dentro, primero una y luego la otra, y junte las plantas de los pies.

3. Suba y baje las rodillas alternativamente, entre 10 y 20 veces, suavemente.

4. Estire las piernas. Relaje los brazos y las manos y descanse.

# POSTURA DEL TRIÁNGULO *(TRIKONASANA)*

⊕ **Para qué sirve**

▸ Tonifica muchos músculos del torso y las piernas que generalmente se ejercitan poco.

▸ Fortalece los músculos del abdomen, para proporcionar un soporte mejor para los órganos y otras estructuras del abdomen y la pelvis.

▸ Tonifica los músculos de la espalda.

▸ Estira y fortalece los músculos de las piernas, que afectan a la inclinación de la pelvis y, por lo tanto, a la postura.

⊛ **Cómo practicarla**

1. Póngase de pie con los pies juntos y los brazos a los lados. Relaje la mandíbula y respire rítmicamente.

2. Espire y, manteniendo la parte superior del torso recta, flexione el cuerpo hacia delante por las articulaciones de las caderas e intente tocar la esterilla. Mantenga las piernas rectas y la cabeza levantada (si no puede tocar la esterilla, simplemente flexione el cuerpo hacia delante hasta donde le resulte cómodo, con los brazos estirados delante de usted).

3. Mantenga la postura tanto tiempo como pueda, sin forzar, y vaya respirando rítmicamente.

4. Inspire y suba con mucho cuidado, para volver a la posición inicial. Descanse.

# EJERCICIO DEL SUELO PÉLVICO

Aparte del diafragma respiratorio, también hay un diafragma pélvico, que es un soporte para los órganos de la pelvis en forma de cabestrillo. Se encuentra entre las piernas y se extiende desde el coxis o «rabadilla» (en la base de la espalda) hasta el hueso púbico.

La estructura del diafragma pélvico, o suelo pélvico, junto con las fuerzas de la gravedad y los frecuentes aumentos de tensión en el cuerpo, hace que sea vulnerable a curvarse, como una especie de hamaca.

Los estudios han demostrado que, cuando los músculos del suelo pélvico se paralizan, el diafragma respiratorio desciende y el volumen de aire que se queda en los pulmones al final de una respiración máxima (volumen residual) aumenta. Así pues, el diafragma desempeña una función más importante de lo que generalmente se cree. De hecho, desempeña un papel importante en la respiración, ya que influye notablemente en el volumen residual.

Los ejercicios que son más efectivos para fortalecer y reeducar los músculos debilitados del suelo pélvico no sólo trabajan estos músculos, sino también los de la espalda y abdomen y también el diafragma respiratorio, pues todos ellos funcionan juntos como una unidad.

## ⊛ Cómo practicarlo

1. Siéntese, póngase de pie o túmbese en una posición cómoda. Mentalmente haga un rápido repaso de su cuerpo de pies a cabeza y relaje aquellas partes que note que están tensas. Respire rítmicamente.
2. Inspire por la nariz lentamente, con suavidad, y tan profundamente como le resulte cómodo. Observe cómo sube el abdomen cuando lo hace.
3. Por la nariz o con los labios fruncidos como si soplara para enfriar una bebida caliente, espire gradualmente y soltando todo el aire que pueda sin forzar mientras al mismo tiempo tensa los músculos del suelo pélvico, en el punto más bajo del torso, entre el coxis —en la espalda— y la zona púbica —en la parte delantera—. Observe la contracción del abdomen cuando espira.
4. Inspire lentamente y de forma continuada mientras relaja los músculos del suelo pélvico.
5. Repita los pasos 3 y 4, una o más veces: espirar de forma continuada y tensar los músculos del suelo pélvico y, a continuación, relajar los músculos cuando inspire. Luego descanse.
6. Puede repetir el ejercicio más tarde a lo largo del día.

## ⊽ Variante

1. Pruebe a combinar la visualización con este ejercicio. Por ejemplo, imagine que está en un ascensor, yendo desde la planta baja hasta quizá el cuarto o quinto piso de un edificio. En una espiración, empiece a tensar los músculos del suelo pélvico, gradualmente, de forma que concuerde con el ascenso a cada piso. Deje que la tensión muscular aumente al máximo cuando llegue al último piso.
2. Cuando termine la espiración y la contracción de los músculos, inspire y relaje los músculos del suelo pélvico poco a poco mientras desciende a la planta baja.
3. Repita el ejercicio una o más veces antes de descansar y respirar rítmicamente.
4. Puede repetir el ejercicio más tarde a lo largo del día.

# Ansiedad

La palabra «ansiedad» viene del verbo latino *angere* que significa «apretar fuerte» o «asfixiar». En efecto, las personas que han tenido ansiedad presentan síntomas de tensión y otras sensaciones desagradables parecidas.

Puede que la ansiedad se describa mejor como una sensación generalizada de aprensión o terror, y también de incertidumbre e impotencia. Las personas que han sufrido ansiedad no suelen ser capaces de precisar el origen de su malestar o predecir cuándo sucederá lo que tanto temen, sea lo que sea. Sin embargo, el miedo a algún peligro identificable también puede producir ansiedad.

Las teorías sobre el origen de la ansiedad indican que: es el resultado de un conflicto inconsciente del pasado, que empezó en la infancia; es un comportamiento aprendido; se deriva de desequilibrios bioquímicos en el sistema nervioso central (SNC). No obstante, generalmente, el origen de la ansiedad es una combinación de factores físicos y medioambientales y no una única causa.

La ansiedad es una respuesta normal. Nos ayuda a prepararnos para enfrentarnos a una amenaza que percibimos y, como tal, tiene un valor protector. De hecho, tener ansiedad puede ser necesario para sobrevivir.

Como la ansiedad es una respuesta a una amenaza que percibimos, el cuerpo pone en marcha diferentes mecanismos para hacer frente al desafío, a fin de prepararnos para la «lucha o huida». Algunas de las manifestaciones de la ansiedad son: ritmo del corazón acelerado, palpitaciones, sensación de opresión en el pecho, respiración rápida, náuseas, acidez de estómago, diarrea, temblor, agitación, insomnio, frecuencia urinaria, sudor, momentos de frío y calor, aumento de la tensión muscular, habla rápida, falta de coordinación, hipervigilancia, mala concentración, falta de memoria, errores de juicio, impaciencia y disminución del rendimiento.

Cualquier tipo de estrés puede provocar o empeorar la sensación de ansiedad. Algunos ejemplos son: un examen próximo, una entrevista, o un cambio en la vida como casarse. Sin embargo, como el punto de vista de cada persona es diferente, lo que una persona puede considerar intrascendente, para otra puede resultar angustioso.

La ansiedad puede desencadenarse o agravarse con algunas sustancias, entre ellas la cafeína, el alcohol y algunos medicamentos que se utilizan para tratar la disfunción eréctil.

## El trastorno de ansiedad

Cuando la sensación de ansiedad persiste y se vuelve excesivamente intensa, así como cuando afecta considerablemente al funcionamiento de la persona, puede ser que se padezca un trastorno de ansiedad.

Los trastornos de ansiedad se clasifican como: trastornos de ansiedad generalizada, fobias (entre ellas fobia social y agorafobia), pánico y trastornos de pánico, trastorno obsesivo compulsivo y trastorno por estrés postraumático.

# PIERNAS LEVANTADAS *(VIPARITA KARANI)*

## ⊕ Para qué sirve

▶ **Calma el sistema nervioso. Favorece la armonía y una profunda relajación del cuerpo y la mente.**

## ⊛ Cómo practicarlo

1. Túmbese cerca de una pared. Relaje la mandíbula y respire rítmicamente.

2. Flexione las piernas y, con cuidado, coloque el cuerpo de manera que levantando las piernas pueda apoyar los pies, primero uno y luego el otro, contra la pared.

3. Ponga las nalgas tan cerca de la pared como le resulte cómodo de manera que, si es posible, las piernas estén hacia arriba y formen un ángulo de 90 grados con el torso. Relaje los brazos, un poco separados de los lados. Cierre los ojos.

4. Cuando inspire lentamente, con suavidad, y tan profundamente como pueda sin forzar, imagine que aporta a su cuerpo paz, renovación y curación, u otras cualidades positivas que desee.

5. Cuando espire de manera lenta, suave y soltando todo el aire que pueda sin forzar, visualice que expulsa del cuerpo la tensión, la ansiedad y la fatiga u otras cualidades negativas de las cuales desee librarse. Utilice la espiración para dejar que el cuerpo se hunda más en la superficie en la que yace.

6. Repita los pasos 4 y 5 una y otra vez sucesivamente y con suavidad.

7. Cuando se disponga a levantarse hágalo lentamente y con cuidado: flexione las piernas, vuelva a ponerlas en el suelo y levántese con cuidado (p. 64).

## ⚠ Advertencia

*Evite hacer esta postura si hace poco se le han formado coágulos venosos. Consúltelo con el médico.*

# RESPIRACIÓN CON LOS LABIOS FRUNCIDOS *(RESPIRACIÓN SILBANTE)*

### ⊕ Para qué sirve

▸ **Permite que se pueda espirar un volumen de aire más grande de lo habitual y, por lo tanto, facilita una inspiración profunda.**

▸ **Prolonga la espiración y favorece una sensación de control.**

▸ **Le enseña a controlar el ritmo y profundidad de la respiración de manera que alivia la disnea (dificultad para respirar) y la ansiedad que a menudo la genera.**

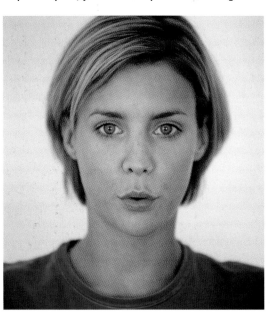

### ⊛ Cómo practicarla

1. Siéntese con el cuerpo erguido en una posición cómoda. Relaje los brazos y las manos (también puede practicar este ejercicio en posición tumbada o de pie). Relaje la mandíbula y respire rítmicamente.

2. Inspire por la nariz lentamente, con suavidad, y tan profundamente como pueda sin esfuerzo.

3. Espire con los labios fruncidos, como si silbara o soplara para enfriar una bebida caliente. Hágalo lentamente, con suavidad y soltando todo el aire sin forzar.

4. Repita los pasos 2 y 3: inspiración seguida de espiración varias veces sucesivamente y con suavidad.

5. Cierre la boca pero no apriete la mandíbula y vuelva a respirar regularmente.

### ⊘ Notas

• *Puede practicar este ejercicio con una vela encendida colocada sobre un objeto delante de usted, a la altura de los ojos o justo debajo. Espire con los labios fruncidos, tal como se indica arriba. Sople de manera continuada la llama encendida de forma que parpadee pero sin apagarla.*

• *Cuando ya domine la técnica, puede prescindir de la vela y simplemente visualizar la llama.*

• *Asegúrese de apagar la vela cuando acabe el ejercicio. Se debe supervisar a los niños que aprendan esta técnica con una vela encendida.*

• *Integre la respiración con los labios fruncidos en actividades diarias como subir y bajar las escaleras y mientras espera en un semáforo.*

# RESPIRACIÓN ANTIANSIEDAD

### ⊕ Para qué sirve

▸ **Contrarresta la ansiedad y previene el pánico.**

▸ **Favorece la sensación de control.**

▸ **Le enseña a prolongar la espiración y así contrarresta la respiración rápida que puede llevar a la hiperventilación.**

▸ **Es útil para controlar emociones perturbadoras.**

### ⊛ Cómo practicarla

1. Siéntese con el cuerpo erguido en una posición cómoda. Relaje los hombros, los brazos y las manos. Relaje la mandíbula y respire rítmicamente.

2. Inspire por la nariz lentamente, con suavidad, y tan profundamente como pueda sin forzar.

3. Espire por la nariz (o con los labios fruncidos, como si soplara para enfriar una bebida caliente) lentamente, con suavidad y soltando todo el aire que pueda sin forzar.

4. Antes de volver a inspirar, cuente mental y lentamente: «uno, mil», «dos, mil», para alargar y retrasar la espiración y evitar la hiperventilación.

5. Repita los pasos del 2 al 4 varias veces hasta que la respiración sea más lenta y empiece a tranquilizarse.

6. Vuelva a respirar rítmicamente.

### ⊘ Notas

• *También puede practicar este ejercicio de pie o en posición tumbada.*

• *Pruebe a combinar la imaginación con la respiración.*

# RESPIRACIÓN ALTERNA POR LOS ORIFICIOS NASALES (NADI SHODHANAM)

## ⊕ Para qué sirve

▶ Si se tiene buena salud, hay un flujo de aire alterno y previsible entre los orificios nasales izquierdo y derecho. Durante unas dos horas, la respiración se realiza predominantemente por un orificio, y luego cambia al otro. Es un ritmo biológico natural.

▶ Si se produce una obstrucción constante de un orificio durante algunas horas, puede ser indicio de que se va a enfermar. Este estado puede ser provocado por varios factores, entre ellos trastornos emocionales, problemas de sueño, déficits nutricionales e infección.

▶ Cambiando deliberadamente el flujo de aire de un orificio al otro de forma regular, la respiración alterna por los orificios nasales ayuda a mantener o restablecer el ritmo biológico natural del cuerpo. Es un ejercicio relajante que ayuda a contrarrestar la ansiedad. También es un antídoto contra el insomnio.

## ⊛ Cómo practicarla

1. Siéntese con el cuerpo erguido en una posición cómoda. Relaje la mandíbula y respire rítmicamente.

2. Apoye una mano en el regazo, en la rodilla o en el brazo de la silla.

3. Con la otra mano levantada delante, coloque los dedos como se indica a continuación: doble los dos dedos medios hacia la palma de la mano (o apóyelos suavemente en el puente de la nariz una vez haya empezado el ejercicio). Con el pulgar, cierre un orificio, y con el dedo anular (o el anular y el meñique) cierre el otro, cuando sea necesario.

4. Cierre los ojos y empiece. Cierre el orificio izquierdo e inspire lentamente, con suavidad y tan profundamente como pueda sin forzar, por el orificio derecho.

5. Cierre el orificio derecho, destape el izquierdo y espire lentamente, con suavidad y soltando todo el aire por el orificio izquierdo.

6. Inspire por el orificio izquierdo.

7. Cierre el orificio izquierdo y deje libre el derecho. Espire. Aquí termina un ciclo de respiración alterna.

8. Repita la secuencia entera (pasos del 4 al 7) varias veces sucesivamente y con suavidad. Puede probar a hacer entre 3 y 5 ciclos para empezar y aumentar el número de ciclos cuando esté más familiarizado con el ejercicio.

9. Relaje la mano y el brazo derechos. Descanse y respire rítmicamente.

# Depresión

La mayoría de nosotros posiblemente hemos experimentado breves episodios de tristeza, desánimo o abatimiento. No obstante, un episodio depresivo más importante en general se caracteriza por al menos cinco de los siguientes síntomas (entre ellos los dos primeros que se indican) casi de forma continua durante por lo menos dos semanas:

• Estado de ánimo deprimido, pérdida del interés o la alegría, pérdida o aumento de peso, trastornos del sueño (p. 110), por ejemplo insomnio o dormir demasiado, aumento o disminución de la actividad física, fatiga o pérdida de energía (p. 106), sensación de inutilidad, problemas de concentración y pensamientos de muerte o suicidio.

Entre los factores estresantes que pueden provocar la depresión hay: el dolor o la pérdida de algo importante para nosotros; un conjunto de cambios en un período relativamente corto (por ejemplo, un nuevo trabajo, un cambio de residencia y casarse); cambios fisiológicos (como una enfermedad grave o los efectos adversos de determinados medicamentos).

Algunos tratamientos convencionales para la depresión son: los medicamentos (por ejemplo antidepresivos), la psicoterapia («terapia hablada») y la terapia conductual cognitiva. Esta última trata de ayudar a cambiar las percepciones distorsionadas y los modelos de pensamiento para ayudarnos a ver el mundo y nosotros mismos de una forma más realista. En determinados casos, se emplea la terapia electroconvulsiva (TEC). Este procedimiento consiste en la inducción de una breve convulsión (ataque) aplicando corriente eléctrica al cerebro. Se utiliza principalmente en casos en que los pacientes no responden a los medicamentos y otras terapias.

## La depresión posparto
Este tipo de depresión puede producirse entre dos semanas y doce meses después que una mujer haya dado a luz. No obstante, generalmente, aparece dentro de un período de seis meses a partir del parto. La padecen entre un 10 y un 15% de mujeres. Se caracteriza por los cambios de humor y a menudo es un indicio de un trastorno bipolar (que se conoce como «depresión maníaca»). Hay un 50% de posibilidades de que se repita en el próximo embarazo.

## Tristeza posparto
Se trata de episodios cortos de cambios de humor y ganas de llorar que suceden entre uno y cinco días después de dar a luz. Los padecen hasta un 80% de las mujeres.

# MEDIA POSTURA SOBRE LOS HOMBROS *(ARDHA SARVANGASANA)*

## ⊕ Para qué sirve

▸ Mejora el riego sanguíneo en las estructuras nerviosas de la cabeza.

▸ Contrarresta la fuerza de la gravedad descendente aliviando la congestión en las estructuras de la parte inferior del cuerpo.

▸ Tonifica los músculos del cuello, la espalda y el abdomen.

▸ Revitaliza los órganos del tronco y mejora la circulación y el funcionamiento de los sistemas linfático, nervioso y endocrino (incluyendo la tiroides, que a veces se relaciona con la depresión).

## ⊛ Cómo practicarla

1. Túmbese boca arriba con las piernas estiradas hacia delante y los brazos a los lados. Relaje la mandíbula y respire rítmicamente durante todo el ejercicio.

2. Lleve una rodilla flexionada hacia el pecho y después la otra.

3. Estire las piernas y levántelas de una en una, y ponga los pies hacia arriba.

4. Espire e impúlsese hacia atrás con ambos pies a la vez para que las caderas queden fuera de la esterilla. Sujete las caderas con las manos.

5. Mantenga esta postura tanto tiempo como le resulte totalmente cómodo, y vaya respirando rítmicamente.

6. Para terminar la postura, apoye las manos en la esterilla, cerca del cuerpo. Mantenga la cabeza pegada a la esterilla, y muy lentamente baje el torso, empezando por la parte superior de la espalda.

7. Flexione las rodillas y estire las piernas de una en una. Descanse.

## ⚠ Advertencia

*No practique esta postura durante el período menstrual. No la incluya en su programa de ejercicios si tiene una dolencia auditiva u ocular, la tensión arterial alta, una enfermedad cardíaca u otras dolencias cardiovasculares. Consúltelo con el médico.*

# POSTURA SOBRE LOS HOMBROS (*SARVANGASANA*)

### ⊕ Para qué sirve

▶ Los beneficios que se derivan de la postura sobre los hombros son los mismos que los de la media postura sobre los hombros. La postura sobre los hombros, además, mediante la contracción de los músculos de la parte delantera del cuello, junto con la suave presión que ejerce la barbilla sobre el pecho, tiene un efecto regulador de la tiroides (a veces una tiroides hipoactiva se relaciona con la depresión. La glándula también puede volverse hiperactiva, y los síntomas pueden ser sudor, temblor y ansiedad).

### ⊛ Cómo practicarla

1. Túmbese boca arriba con las piernas estiradas hacia delante y los brazos a los lados. Relaje la mandíbula y respire rítmicamente.
2. Lleve una rodilla flexionada hacia el pecho y después la otra.
3. Estire las piernas y levántelas de una en una, y ponga los pies hacia arriba.
4. Espire e impúlsese hacia atrás con ambos pies a la vez para que las caderas queden fuera de la esterilla. Sujete las caderas con las manos.
5. Gradualmente, ponga una mano y luego la otra hacia la parte superior de la espalda hasta que el cuerpo esté en posición vertical. La barbilla debería estar en contacto con el pecho.
6. Mantenga la postura tanto tiempo como le resulte cómodo, y vaya respirando rítmicamente.
7. Para terminar la postura, incline las piernas hacia atrás. Apoye los brazos en la esterilla junto al torso. Mantenga la cabeza pegada a la esterilla y baje el cuerpo lentamente, empezando por la parte superior de la espalda. Flexione las rodillas, estire las piernas de una en una, y descanse.

### ⓘ Advertencia

*Son las mismas que las que se indican en la media postura sobre los hombros. Además, evite hacer la postura sobre los hombros si tiene dolor en el cuello.*

## POSTURA DEL ARADO
### *(HALASANA)*

### ⊕ Para qué sirve

▸ La postura del arado ejerce una suave tracción de la columna vertebral. Extiende los agujeros vertebrales (las aberturas por las cuales pasan los nervios vertebrales) y de este modo disminuye la presión en estos nervios. También mejora la circulación en la médula espinal y el funcionamiento de los órganos internos por los cuales pasan estos nervios.

### ⊛ Cómo practicarla

1. Túmbese boca arriba con las piernas estiradas hacia delante y los brazos a los lados, con las palmas de las manos boca abajo. Relaje la mandíbula y respire rítmicamente.
2. Lleve primero una rodilla y luego la otra hacia el pecho.
3. Estire y levante las piernas de una en una y ponga los pies hacia arriba.
4. Espire e impúlsese hacia atrás con ambos pies a la vez para que las caderas queden fuera de la esterilla. Mantenga las piernas rectas y juntas si puede.
5. Impulse los pies hacia la esterilla detrás de la cabeza. No deje que las caderas se desplacen más allá de los hombros, ya que se podría lesionar el cuello.
6. Cuando haya alcanzado el límite en que se sienta bien, mantenga la postura durante 5 segundos para empezar, y vaya aumentando el tiempo cuando domine más la técnica.
7. Para volver a la posición inicial, lentamente, con suavidad y cuidado vaya bajando la columna a la esterilla, de arriba abajo. Flexione las rodillas y estire las piernas de una en una. Descanse.

### ⊘ Nota

*Si los pies no pueden tocar inmediatamente la esterilla, no se desanime. Apile algunos cojines detrás de usted para apoyar los dedos de los pies en ellos. Cuando tenga más flexibilidad, puede empezar a quitar los cojines hasta que al final pueda prescindir de ellos totalmente.*

### ⓘ Advertencia

- *No practique la postura del arado durante los primeros días del período menstrual. No la incluya en su programa de ejercicios si padece dolor en el cuello, si tiene un problema en los discos vertebrales, una hernia o un prolapso uterino o si le han diagnosticado osteoporosis (pp. 40-41).*
- *No deje que las caderas vayan más allá de los hombros, ya que se puede lesionar el cuello.*

# LA COBRA *(BHUJANGASANA)*

### ⊕ Para qué sirve

▸ Alivia la presión en los nervios que salen de la columna vertebral.

▸ Mejora la circulación en la columna vertebral.

▸ Ayuda a mantener la columna vertebral flexible.

▸ Tonifica los músculos de la espalda y el abdomen.

▸ Mantiene la buena movilidad de las articulaciones de los hombros, los codos y las muñecas, además de evitar la rigidez.

▸ Contrapostura para hacer después del arado (p. 85).

### ⊛ Cómo practicarla

1. Túmbese boca abajo, con la cabeza girada hacia un lado y los brazos relajados a los lados. Relaje la mandíbula y respire rítmicamente.

2. Gire la cabeza hacia el centro y flexione los brazos a la altura de los codos de manera que se quede boca abajo con las palmas de las manos apoyadas en la esterilla, justo debajo de los hombros. Mantenga los brazos cerca de los lados.

3. Inspire y empiece a arquear la espalda lentamente; primero toque la esterilla con la nariz y luego con la barbilla cuando arquee el cuello; levante el pecho y la parte superior del abdomen. No levante la pelvis.

4. Cuando haya alcanzado el límite en que se sienta bien, mantenga la postura durante unos 5 segundos. Siga respirando rítmicamente.

5. Termine la postura muy lentamente, bajando el abdomen, el pecho, la nariz y la frente a la esterilla. Sincronice el movimiento con una respiración rítmica.

6. Relaje los brazos junto al cuerpo y gire la cabeza hacia un lado. Descanse.

### ⟁ Nota

*La cobra también forma parte de la secuencia de saludo al sol (pp. 89-91).*

### ⓘ Advertencia

*No practique la postura de la cobra durante el embarazo. No la incluya en su programa de ejercicios si tiene una hernia.*

# RESPIRACIÓN DINÁMICA PURIFICANTE
## *(KAPALABHATI PRANAYAMA)*

### ⊕ Para qué sirve

▸ Revitaliza el sistema nervioso.

▸ Vigoriza el cuerpo; contrarresta el letargo y la fatiga.

▸ Fortalece los músculos abdominales y el diafragma.

▸ Da un masaje terapéutico a los órganos abdominales.

▸ Limpia las vías respiratorias.

### ⊛ Cómo practicarla

1. Siéntese o póngase de pie en una posición cómoda. Relaje los hombros, los brazos y las manos. Relaje la mandíbula y respire rítmicamente.

2. Inspire lentamente, con suavidad y tan profundamente como pueda sin forzar.

3. Espire enérgicamente por la nariz como si estornudara, y centre la atención en el abdomen que se tensará y aplanará.

4. Inspire de forma natural cuando relaje el abdomen y el pecho.

5. Repita los pasos 3 y 4 una y otra vez, a un ritmo entre moderado y rápido. Empiece con unas 6 repeticiones y aumente la cantidad gradualmente cuando ya domine la técnica.

6. Vuelva a respirar como siempre.

### ⊘ Nota

*La hiperventilación (p. 50) es involuntaria, mientras que la respiración dinámica purificante se hace conscientemente y con control. Además, tiene como resultado una espiración completa y una inspiración profunda y espontánea. En la hiperventilación, en cambio, la espiración es incompleta y hay una especie de desesperación por hacer la próxima respiración. En consecuencia, las reservas de dióxido de carbono se agotan rápidamente y pueden aparecer síntomas desagradables; por ejemplo, sensación de mareo y a veces hormigueo en las manos y los pies.*

### ⓘ Advertencia

*No practique este ejercicio de respiración si tiene la tensión arterial alta o una dolencia cardíaca, epilepsia, una hernia, un problema auditivo u ocular, o una hernia discal («vértebra dislocada»). No lo practique durante la menstruación o si está embarazada.*

# Estrés

El hecho de que se espere más de nosotros y se exija más en casi todos los ámbitos de la vida hace que el estrés afecte a una cantidad de personas cada vez mayor. El estrés se produce cuando las exigencias del entorno ponen a prueba o saturan al máximo nuestros recursos para hacerles frente.

Cuando sucede algo que se ve como una amenaza, el sistema nervioso simpático del cuerpo se pone en marcha y se producen una serie de cambios. Entre ellos un aumento de la tensión muscular (por ejemplo, rigidez en los músculos del cuello y mandíbula apretada), ritmo del corazón más rápido y tensión arterial alta, problemas digestivos, reducción del tiempo de coagulación de la sangre, pérdida de minerales de los huesos y retención de una cantidad anormal de sal.

Cualquier acontecimiento, circunstancia u otros agentes que provocan o conducen al estrés se denominan estresores. Algunos estresores importantes son: la ansiedad, el miedo, los sentimientos de culpa, los remordimientos, la frustración, la ira, el resentimiento y la incertidumbre. Estos estados emocionales, si se experimentan con frecuencia y no se les pone remedio, pueden minar la salud poniendo en peligro el sistema inmunológico.

## Hacer frente al estrés

El factor clave para ayudarnos a hacer frente al estrés es procurar mantener un nivel de salud lo más alto posible. Hay diferentes pautas para conseguirlo:

- Comer de forma sana puede aumentar nuestra resistencia al estrés, ya que nos proporciona los nutrientes esenciales que la favorecen.

- Practicar ejercicio con regularidad ayuda a mejorar el funcionamiento de la mente, dado que disminuye las posibilidades de sufrir depresión y aumenta la resistencia física.

- Mediante la relajación (p. 10) se obtiene una respuesta calmante del sistema nervioso parasimpático. La relajación es fundamental para remediar y curar las consecuencias psicológicas del estrés.

# SECUENCIA DE SALUDO AL SOL
## (SURYA NAMASKAR)

⊕ **Para qué sirve**

▸ Reduce la tensión acumulada y favorece la relajación de todo el cuerpo.

▸ Facilita una respiración profunda.

▸ Tonifica los músculos de los brazos, las piernas y el torso.

▸ Mejora la circulación.

▸ Mejora la flexibilidad y la resistencia.

▸ Evita que la grasa se acumule.

⊛ **Cómo practicarlo**

  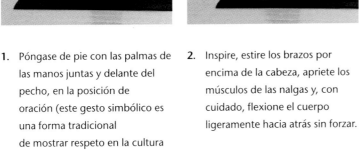

1. Póngase de pie con las palmas de las manos juntas y delante del pecho, en la posición de oración (este gesto simbólico es una forma tradicional de mostrar respeto en la cultura india y se conoce como *namaste*). Relaje la mandíbula y respire rítmicamente.

2. Inspire, estire los brazos por encima de la cabeza, apriete los músculos de las nalgas y, con cuidado, flexione el cuerpo ligeramente hacia atrás sin forzar.

3. Espire y flexione el cuerpo hacia delante con cuidado, mejor por las articulaciones de las caderas que por la cintura. Apoye las manos en la esterilla más allá de los pies, si puede.

4. Inspire y lleve el pie derecho hacia atrás, con los dedos de los pies hacia delante. Mire hacia arriba.

5. Lleve el pie izquierdo hacia atrás. Ahora las manos y los pies sostienen el peso corporal, y el cuerpo debería estar recto desde la cabeza hasta los talones.

6. Espire y baje las rodillas, la barbilla o la frente y el pecho a la esterilla. Relaje los pies con los dedos de los pies hacia atrás (ésta es la posición de «rodillas y pecho»).

7. Inspire, baje el cuerpo a la esterilla y arquee la espalda lentamente y con suavidad, pero mantenga las caderas en la esterilla. Mire hacia arriba. Ésta es la postura de la cobra (p. 86).

8. Espire, ponga los dedos de los pies hacia delante y apriete las manos contra la esterilla para poder levantar las caderas. Ponga rectos los brazos y deje caer la cabeza. Dirija los talones hacia la esterilla pero no fuerce los músculos de las piernas. Ésta es la postura del perro (p. 58).

9. Inspire, mire hacia arriba e impúlsese hacia delante sobre los dedos de los pies. Ponga el pie derecho entre las manos.

**10.** Espire, ponga el pie izquierdo entre las manos y, con los dos pies juntos, flexione el cuerpo hacia delante lentamente y con cuidado.

**11.** Inspire y póngase de pie lentamente y con cuidado, después flexione el cuerpo suavemente hacia atrás con los brazos por encima de la cabeza. Apriete los músculos de las nalgas para evitar que se produzca un esguince en la espalda.

**12.** Espire y vuelva a la posición inicial, con las palmas de las manos juntas delante del pecho.

**13.** Haga una breve pausa y respire rítmicamente.

## Notas

- *Para empezar, puede realizar esta secuencia de 12 movimientos una vez. Vaya aumentando gradualmente el número de repeticiones a medida que avance en la práctica. En cada repetición, alterne el pie que primero lleva hacia atrás y después hacia delante (pasos 4 y 9).*
- *Utilice la secuencia de saludo al sol como base para su propia «minisesión de ejercicios». Añada una postura de flexión lateral como la media luna (p. 117), una postura de torsión como la torsión vertebral (p. 96) y una postura de equilibrio como el árbol (p. 42) o el ángulo en equilibrio (p. 69).*
- *Utilice esta secuencia como calentamiento antes del programa de ejercicios principal. Para relajarse después de hacer ejercicio, haga los movimientos lo más lentamente posible.*

## Advertencias

- *No incluya estos ejercicios en su programa si tiene varices, coágulos venosos o una hernia. Consúltelo con el médico.*
- *Véanse también las advertencias de la cobra (p. 86) y de la postura del perro (p. 58).*

# POSTURA DEL CADÁVER (*SAVASANA*) MODIFICADA

Ésta es una versión modificada de la postura del cadáver que se describe detalladamente en las páginas 62-63. Los beneficios son los mismos.

### ✲ Cómo practicarla

1. Túmbese cómodamente boca arriba. Relaje la mandíbula y respire rítmicamente. Cierre los ojos.

2. Centre la atención en una parte del cuerpo o grupo de músculos, empiece por los pies y vaya subiendo hacia arriba, y dé las siguientes indicaciones suavemente: «soltad la tensión; liberad la tensión; relajaos completamente».

3. Se propone el siguiente orden: pies, parte inferior de las piernas, rodillas, muslos, caderas, parte inferior de la espalda, parte superior de la espalda, abdomen, pecho, manos, antebrazos, parte superior de los brazos, hombros y músculos faciales. Dedique unos segundos a cada zona, antes de pasar a la siguiente.

4. Cuando haya recorrido todas las partes, dedique unos instantes a observar el ritmo tranquilo de la respiración, que será más lento y regular a medida que usted se vaya relajando.

5. Puede dedicar un tiempo más a utilizar la imaginación para aumentar la relajación. Por ejemplo, imagínese que está en un jardín donde las flores le impregnan de su delicioso perfume. Puede oler su esencia. Puede notar que sus tensiones y preocupaciones se desvanecen o desaparecen. Usted se entrega a las propiedades curativas de estas maravillosas flores. A medida que se intensifica la relajación, usted se siente menos preocupado, menos estresado y más en paz consigo mismo y con el mundo.

6. Cuando se disponga a terminar la meditación, hágalo lentamente y asegúrese de levantarse con cuidado (p. 64).

# RESPIRACIÓN VICTORIOSA *(UJJAYI PRANAYAMA)*

## ⊕ Para qué sirve

▸ **Relaja el cuerpo y la mente.**

▸ **Contrarresta sensaciones desagradables como la irritación y la frustración.**

▸ **Ayuda a reducir el desgaste natural del cuerpo.**

▸ **Repone energías.**

## ⊛ Cómo practicarla

1. Siéntese, póngase de pie o túmbese en una posición cómoda, con la columna vertebral bien alineada y apoyada si es necesario. Relaje la mandíbula y deje los labios cerrados pero no apretados.

2. Imagine que está soplando a un espejo o un cristal, tratando de empañarlo, susurrando la sílaba «haa».

3. Inspire lentamente y con suavidad por la nariz mientras intenta decir «haa».

4. Espire de manera lenta y continuada por la nariz mientras intenta decir «haa».

5. Repita los pasos 3 y 4 una y otra vez sucesivamente y con suavidad. Al final debería oír un sonido suave y uniforme, que indica un estado de calma.

6. Cuando se disponga a terminar el ejercicio, vuelva a respirar de manera regular y silenciosa.

## ⊘ Notas

• *Pruebe a integrar este ejercicio de respiración en la secuencia de saludo al sol (pp. 89-91) y en cualquiera de los otros ejercicios de yoga de su programa personal.*

• *Pruebe a incorporarlo en actividades como fregar el suelo, aspirar la alfombra, rastrillar hojas o subir y bajar las escaleras.*

# La menopausia

El cese definitivo de la actividad menstrual se conoce como menopausia. El promedio de edad en que empieza la menopausia es de 45-55 años. Aunque la menstruación puede acabarse de repente, generalmente la actividad menstrual tarda unos cinco años a pararse del todo. Cuando la producción de hormonas cíclicas (como el estrógeno y la progesterona) disminuye, la ovulación y la menstruación se vuelven menos frecuentes y finalmente se acaban.

La menopausia puede producirse a cualquier edad a causa de la extirpación quirúrgica de los ovarios, la extirpación de un tumor con sustancias químicas (ablación), o la radiación de los órganos pélvicos.

## Síntomas de la menopausia

Entre los síntomas frecuentes de la menopausia hay: arrebatos de calor, que son oleadas de calor repentinas e involuntarias que empiezan en la parte superior del pecho y van hacia la cara y la cabeza; sofocos, que son cambios perceptibles en la temperatura de la piel e implican enrojecimiento de la piel y sudoración; sudores nocturnos, que son arrebatos de calor que tienen lugar durante la noche, acompañados de sudoración que puede ser abundante, y a menudo escalofríos.

Otros efectos secundarios de la menopausia son: poca energía y fatiga (p. 106), cambios de humor, trastornos del sueño (p. 110), palpitaciones del corazón, mareos, irritación vaginal, problemas urinarios (p. 73) y problemas digestivos (p. 66). Además, puede haber algunas manifestaciones de osteoporosis (p. 40), por ejemplo dolor de espalda y dolor de las articulaciones. Muchos de estos síntomas se han asociado con una disminución de la producción de estrógenos.

Hay varios tratamientos —tanto convencionales como complementarios— que ayudan a aliviar los síntomas de la menopausia.

# ESTIRAMIENTO PÉLVICO
## *(SUPTA VAJRASANA)*

⊕ **Para qué sirve**

▸ Hace un estiramiento terapéutico a la parte superior de los muslos, las ingles y la parte delantera del torso; mejora la circulación.

▸ Tonifica los músculos de la espalda y el abdomen.

㊁ **Cómo practicarlo**

1. Siéntese sobre los talones en la postura del diamante (p. 20). Relaje la mandíbula y respire rítmicamente.

2. Apoye las manos, con los dedos hacia atrás, en la esterilla detrás de los pies.

3. En una inspiración, incline la cabeza hacia atrás con cuidado; haga presión con las palmas de las manos y levante las nalgas de los talones.

4. Cuando haya alcanzado el límite en que se sienta bien, mantenga la postura entre 3 y 5 segundos para empezar, y más tiempo cuando tenga más práctica. Siga respirando rítmicamente.

5. Lentamente vuelva a sentarse sobre los talones. Apoye las manos en los muslos y relájese. También puede descansar en la postura del niño (p. 108).

# TORSIÓN VERTEBRAL
## *(MATSYENDRASANA)*

### ⊕ Para qué sirve

▸ Permite la máxima torsión (giro) de la columna vertebral a ambos lados, y así proporciona un masaje terapéutico a los nervios que salen de la columna.

▸ Mantiene la columna vertebral flexible.

▸ Tonifica los músculos de la parte inferior de la espalda.

▸ Tonifica los músculos abdominales transversales y oblicuos.

▸ Mejora la circulación en la zona de los riñones, en la región lumbar.

▸ Revitaliza las glándulas suprarrenales, situadas encima de los riñones (casi todos los sistemas del cuerpo están influenciados por las hormonas de las glándulas suprarrenales).

▸ Ayuda a la digestión y combate el estreñimiento.

### ⊛ Cómo practicarlo

1. Siéntese con el cuerpo erguido y las piernas estiradas hacia delante. Relaje la mandíbula y respire rítmicamente.

2. Flexione la pierna derecha por encima de la izquierda. Coloque el pie derecho plano en la esterilla cerca de la rodilla izquierda.

3. Espire y gire la parte superior del cuerpo hacia la derecha, hasta donde pueda con total comodidad. Apoye una o ambas manos en la esterilla, al lado derecho. Gire la cabeza y mire por encima del hombro derecho.

4. Mantenga la postura tanto tiempo como le resulte cómodo y vaya respirando de forma rítmica.

5. Lentamente y con suavidad vuelva a la posición inicial. Haga una breve pausa.

6. Repita la torsión vertebral hacia el otro lado. Después, relaje los brazos y las piernas.

### ▼ Variante

1. Siéntese sobre los talones en la postura del diamante (p. 20).
2. En una espiración, gire con cuidado la parte superior del cuerpo hacia la derecha.
3. Lleve la mano izquierda hacia la parte externa del muslo derecho y sujételo.
4. Ponga la mano derecha en la esterilla junto a usted para apoyarse, o flexione el brazo derecho y coloque el dorso de la mano en la parte inferior de la espalda. Mire por encima del hombro derecho.
5. Mantenga la postura tanto tiempo como le resulte cómodo, y vaya respirando rítmicamente.
6. Lentamente vuelva a la posición inicial. Haga una breve pausa.
7. Repita la torsión vertebral hacia el otro lado. Después, relaje los brazos y las piernas.

## RESPIRACIÓN REFRESCANTE *(SITALI PRANAYAMA)*

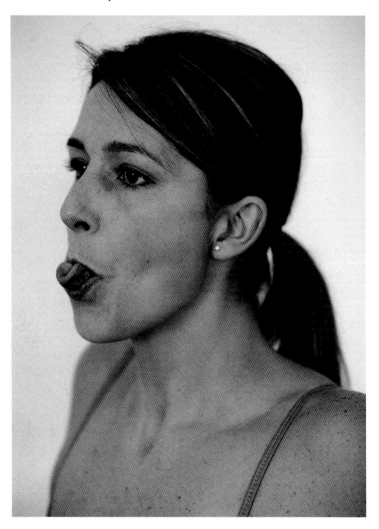

⊕ **Para qué sirve**

▸ Ayuda a refrescar el cuerpo cuando tiene un exceso de calor: cuando estamos enfadados, cuando hace calor, cuando tenemos fiebre, o arrebatos de calor o sofocos.

▸ Puede ayudar a contrarrestar algunas ansias, por ejemplo la de fumar.

⊛ **Cómo practicarla**

1. Siéntese con el cuerpo erguido en una posición cómoda (también puede practicar el ejercicio de pie). Relaje la mandíbula y respire de forma rítmica.
2. Inspire lentamente y con suavidad por la nariz.
3. Espire y saque la lengua; dóblela a lo largo para que quede en forma de tubo.
4. Inspire lentamente y con suavidad por este tubo.
5. Relaje la lengua, póngala dentro y cierre la boca. Respire rítmicamente.
6. Repita el ejercicio (pasos del 3 al 5) varias veces.
7. Vuelva a respirar normal y descanse.

# EJERCICIO DEL SUELO PÉLVICO

### El diafragma pélvico

Aparte del diafragma respiratorio (véase p. 53), también hay un diafragma pélvico, que es un soporte para los órganos de la pelvis en forma de cabestrillo. Se encuentra entre las piernas y se extiende desde el coxis («rabadilla»), en la base de la espalda hasta el hueso púbico.

La estructura del diafragma pélvico, o suelo pélvico, junto con las fuerzas de la gravedad y los frecuentes aumentos de tensión en el cuerpo, hacen que sea vulnerable a curvarse, como una especie de hamaca.

Los estudios han demostrado que, cuando los músculos del suelo pélvico se paralizan, el diafragma respiratorio desciende y el volumen de aire que se queda en los pulmones al final de una respiración máxima (volumen residual) aumenta. Por lo tanto, el diafragma pélvico desempeña una función más importante de lo que generalmente se cree. De hecho, desempeña un papel importante en la respiración, ya que influye notablemente en el volumen residual.

En consecuencia, los ejercicios que son más efectivos para fortalecer y reeducar los músculos debilitados del suelo pélvico no sólo trabajan estos músculos, sino también los de la espalda, abdomen y también el diafragma respiratorio, pues todos ellos funcionan juntos como una unidad.

### ⊛ Cómo practicar este ejercicio

1. Siéntese, póngase de pie o túmbese en una posición cómoda. Mentalmente haga un rápido repaso de su cuerpo de pies a cabeza y relaje aquellas partes que note que están tensas. Respire rítmicamente.
2. Inspire por la nariz de forma lenta, con suavidad, y tan profundamente como le resulte cómodo. Observe cómo sube el abdomen cuando lo hace.
3. Por la nariz o con los labios fruncidos como si soplara para enfriar una bebida caliente, espire gradualmente y soltando todo el aire que pueda sin forzar mientras al mismo tiempo tensa los músculos del suelo pélvico, en el punto más bajo del torso, entre el coxis —en la espalda— y la zona púbica —en la parte delantera—. Observe la contracción del abdomen cuando espira.
4. Inspire de forma lenta y continuada mientras relaja los músculos del suelo pélvico.
5. Repita los pasos 3 y 4, una o más veces: espirar de forma continuada y tensar los músculos del suelo pélvico y, a continuación, relajar los músculos cuando inspire. Luego descanse.
6. Puede repetir el ejercicio más tarde a lo largo del día.

### ⊛ Variante

1. Pruebe a combinar la visualización con este ejercicio. Por ejemplo, imagine que está en un ascensor, yendo desde la planta baja hasta quizá el cuarto o quinto piso de un edificio. En una espiración, empiece a tensar los músculos del suelo pélvico, gradualmente, de forma que concuerde con el ascenso a cada piso. Deje que la tensión muscular aumente al máximo cuando llegue al último piso.
2. Cuando termine la espiración y la contracción de los músculos, inspire y relaje los músculos del suelo pélvico poco a poco mientras desciende a la planta baja.
3. Repita el ejercicio una o más veces antes de descansar y respirar rítmicamente.
4. Puede repetir el ejercicio más tarde a lo largo del día.

# Problemas menstruales

Hay varios trastornos relacionados con el ciclo menstrual:

## Amenorrea

Es la ausencia de flujo menstrual cuando debería aparecer en condiciones normales. La amenorrea es normal antes del desarrollo sexual, después de la menopausia y durante el embarazo. Aparte, puede ser debida a una enfermedad de alguna de las glándulas endocrinas (como la pituitaria), la extirpación quirúrgica del útero o los ovarios, o la toma de algunos medicamentos. A veces también puede producirse en mujeres muy delgadas que hacen demasiado ejercicio, o si se padece anorexia nerviosa (un trastorno alimentario) en que hay una gran pérdida de peso.

## Sangrado entre reglas (metrorragia)

Es bastante común y puede suceder después del coito. También puede derivarse de variaciones en los ciclos hormonales habituales, por un cambio en la toma de las píldoras anticonceptivas o por estrés. Sin embargo, el sangrado anormal puede ser un primer indicio de cáncer; por lo tanto, vaya a visitarse al médico inmediatamente.

## Dismenorrea

La dismenorrea, o períodos menstruales dolorosos, es un trastorno común que padecen (al menos de vez en cuando) casi todas las mujeres. Aunque en la mayoría de casos no se conoce del todo la causa, puede ser debido a una enfermedad de la pelvis, como la endometriosis, los fibromas uterinos o la enfermedad pélvica inflamatoria.

Algunos de los síntomas que acompañan al dolor menstrual pueden ser: dolor de espalda, dolor de cabeza, náuseas y vómitos.

## Períodos menstruales irregulares

Pueden ser debidos a variaciones en los niveles hormonales, al estrés o a un cambio drástico en el peso.

## Menorragia

Es una pérdida excesiva de sangre durante la menstruación, por la cantidad de días que dura la regla, por la cantidad de sangre que se pierde o por ambas causas. Si el trastorno se vuelve crónico, la mujer puede padecer anemia («deficiencia de hierro en la sangre»). La menorragia puede ser provocada por fibromas uterinos, enfermedades de las glándulas endocrinas o una infección pélvica.

## Síndrome premenstrual (SPM)

Este término se utiliza para designar los síntomas que aparecen varios días antes de que empiece la menstruación. Una vez que empieza el período menstrual, normalmente los síntomas disminuyen o desaparecen del todo. Entre los síntomas característicos del SPM hay: retención de líquidos, hinchazón, aumento de peso, dolor en los pechos, fatiga, náuseas, vómitos, cambios de humor, irritabilidad, ansiedad, antojos por ciertas comidas y dificultad para concentrarse.

# INCLINACIÓN DE LA PELVIS

⊕ **Para qué sirve**

▸ Fortalece la parte inferior de la espalda.

▸ Fortalece los músculos abdominales.

▸ Mantiene la columna vertebral flexible.

▸ Alivia la rigidez de la columna vertebral y los dolores de espalda leves.

⊛ **Cómo practicarla**

1. Túmbese boca arriba con las piernas estiradas hacia delante. Relaje los brazos a los lados. Relaje la mandíbula y respire rítmicamente.

2. Flexione las piernas y apoye las plantas de los pies, planas, en la esterilla, a una distancia de las nalgas que le sea cómoda.

3. Espire y apriete la región lumbar (cintura) hacia o contra la esterilla, para disminuir el arco de la columna lumbar.

4. Mantenga esta presión hacia abajo y la inclinación de la pelvis resultante varios segundos, y siga respirando rítmicamente.

5. Inspire y deje de hacer presión. Respire rítmicamente y relájese.

6. Repita el ejercicio una o más veces, si lo desea.

7. Estire las piernas y descanse.

# INCLINACIÓN DE LA PELVIS DE PIE

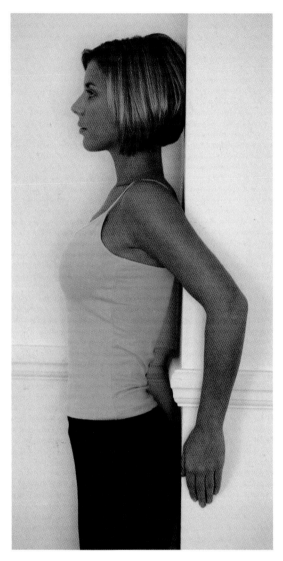 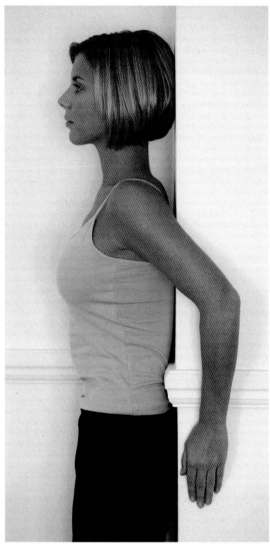

## ⊛ **Cómo practicarla**

1. Póngase de pie con el cuerpo erguido cerca de un apoyo estable, por ejemplo una pared, un poste o un tronco de árbol.

2. Espire y apriete la parte inferior de la espalda hacia o contra el apoyo.

3. Mantenga la presión durante algunos segundos y vaya respirando rítmicamente.

4. Inspire y deje de hacer presión. Descanse.

5. Repita el ejercicio si lo desea.

## INCLINACIÓN DE LA PELVIS EN POSICIÓN SENTADA

### ⊛ Cómo practicarla

1. En posición sentada en una silla firme, y con el cuerpo erguido, espire y apriete la parte inferior de la espalda hacia o contra el respaldo de la silla.
2. Mantenga la presión algunos segundos y vaya respirando rítmicamente.
3. Inspire y deje de hacer presión. Descanse.
4. Repita el ejercicio si lo desea.

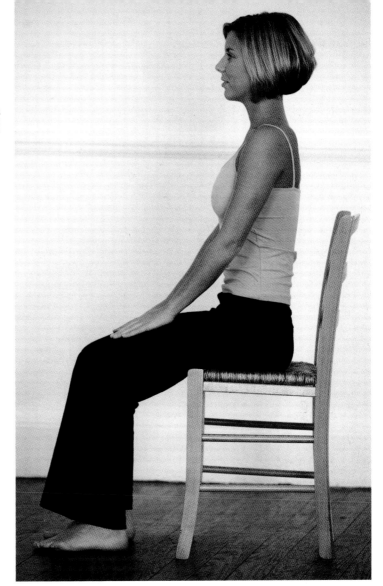

## INCLINACIÓN DE LA PELVIS A GATAS

### ⊛ Cómo practicarla

1. Empiece a gatas, apoyándose en las manos y las rodillas, con la espalda recta.
2. Espire y ponga las nalgas hacia abajo (la espalda se redondeará. Céntrese en mover las caderas en lugar de los hombros).
3. Aguante unos segundos y vaya respirando rítmicamente.
4. Inspire y relaje la espalda. Haga una breve pausa.
5. Repita el ejercicio varias veces. Véase también la postura del gato (p. 111, pasos 1 y 2).

# EL CAMELLO (*USTRASANA*)

## ⊕ Para qué sirve

▶ Estimula suavemente las glándulas endocrinas como los ovarios, la tiroides y las suprarrenales para mejorar su funcionamiento.

▶ Tiene un efecto terapéutico sobre los órganos reproductores y urinarios.

▶ Ayuda a evitar la acumulación de grasa en el estómago.

▶ Expande el tórax y de este modo facilita una respiración profunda.

▶ Fortalece la espalda y mantiene la columna vertebral flexible.

▶ Hace un estiramiento beneficioso a los músculos de las ingles y los muslos.

## ⊛ Cómo practicarlo

1. Póngase de rodillas con las piernas ligeramente separadas y los dedos de los pies hacia atrás. Relaje la mandíbula y respire rítmicamente.

2. Flexione el cuerpo hacia atrás con cuidado de manera que apoye la mano derecha en el talón derecho y la mano izquierda en el talón izquierdo.

3. Con mucho cuidado, incline la cabeza hacia atrás.

4. Levante el torso y arquee la espalda; mantenga las caderas elevadas.

5. Mantenga esta postura tanto tiempo como pueda con total comodidad, y vaya respirando rítmicamente.

6. Lentamente y con cuidado, vuelva a la posición inicial, primero subiendo la cabeza y, a continuación, el torso. Relaje los brazos y las manos.

7. Siéntese sobre los talones y descanse, o relájese en la postura del niño (p. 108).

## ⊘ Advertencia

*No practique esta postura si padece dolor en el cuello o tiene un problema en los discos vertebrales o una hernia.*

# LA MARIPOSA

## ⊕ Para qué sirve

▸ Mantiene una buena movilidad de las articulaciones de los tobillos, las rodillas y las caderas y evita la rigidez.

▸ Estira y tonifica los músculos de la cara interior de los muslos y las ingles.

▸ Mejora la circulación en las estructuras de la parte inferior de la pelvis.

## ⊛ Cómo practicarla

1. Siéntese en la esterilla con el cuerpo erguido y las piernas estiradas hacia delante. Relaje la mandíbula y respire rítmicamente durante todo el ejercicio.

2. Doble una pierna hacia dentro. Doble la otra pierna y junte las plantas de los pies. Una las manos alrededor de los pies y acérquelos cómodamente al cuerpo.

3. Suba y baje las rodillas de forma alternativa y regular y a un ritmo moderado, como una mariposa que bate las alas. Hágalo entre 10 y 20 veces.

4. Desdoble las piernas con cuidado y estírelas, primero una y después la otra. Descanse.

## ⓘ Advertencia

*Evite hacer este ejercicio si tiene dolor en la zona púbica.*

## ▽ Variante

1. Siéntese en la esterilla. Apoye las palmas de las manos en la esterilla, junto a las caderas.

2. Doble las piernas hacia dentro, primero una y luego la otra, y junte las plantas de los pies.

3. Suba y baje las rodillas alternativamente, entre 10 y 20 veces, suavemente.

4. Estire las piernas y descanse. Relaje los brazos y las manos.

## SUEÑO Y FATIGA

## La fatiga

La fatiga es un estado en que una persona se siente agotada continuamente.
Esto normalmente afecta a todos los aspectos de la vida, especialmente la capacidad
para el trabajo físico y mental, y puede ser el primer indicio de enfermedad.

La fatiga crónica por lo general aparece de manera lenta, persiste a lo largo del tiempo
y generalmente no se alivia mucho con los tratamientos reconstituyentes habituales.
También es sumamente debilitante.

Los síntomas característicos de la fatiga son los siguientes: poca energía, un aumento
de las dificultades físicas, irritabilidad, problemas de concentración, pérdida de interés
por el entorno, disminución de la libido y propensión a los accidentes.

La fatiga se ha asociado con: trastornos del sueño (p. 110), síndrome de
inmunodeficiencia adquirida (sida), enfermedades de la tiroides y de otras glándulas
endocrinas, esclerosis múltiple (EM), cáncer y hepatitis. La fatiga también es común en la
depresión (p. 82), la ansiedad (p. 78) y el estrés (p. 88). Además también puede ser debida
a una alimentación inadecuada.

### Síndrome de fatiga crónica (SFC)

El SFC, también conocido como encefalomielitis miálgica (EM), se diagnostica en caso de
que una persona haya padecido una intensa fatiga durante seis meses como mínimo y le
haya hecho reducir al menos un 50% de sus actividades físicas habituales. La fatiga también
va acompañada de algunos de los siguientes síntomas: trastornos del sueño (p. 110),
debilidad muscular, dolor en los músculos y las articulaciones, dolor de garganta, ganglios
linfáticos dolorosos, dolor de cabeza, problemas de memoria y concentración así como
cambios de humor.

Aunque no se conoce la causa o causas exactas del SFC, las investigaciones se han
centrado en el papel de los enterovirus, un grupo de virus que originariamente englobaban
el virus de la polio y otros virus que infectaban el tracto gastrointestinal.

El SFC puede afectar a cualquier persona de cualquier edad, pero es más común en
mujeres jóvenes y de mediana edad.

# EL COCODRILO *(MAKARASANA)*

⊕ **Para qué sirve**

▶ **Facilita la respiración diafragmática y así permite la máxima entrada de oxígeno con un esfuerzo mínimo.**

▶ **Proporciona una profunda relajación física y mental.**

▶ **Si se practica después del parto, ayuda a que el útero vuelva a su posición normal y tonifica y alisa el abdomen.**

⊛ **Cómo practicarlo**

1. Túmbese boca abajo, con un cojín plano o una toalla doblada debajo de las caderas (esto disminuye la curvatura del arco vertebral en la región lumbar y de este modo evita que se produzca un esguince en la espalda). Deje las piernas rectas y separadas en una posición cómoda.

2. Gire la cabeza a un lado. Doble los brazos y apoye la cabeza encima de ellos (también puede apoyar la cabeza en una almohada pequeña. Doble los brazos y apóyelos cerca de la cabeza).

3. Relaje la mandíbula e inspire y espire por la nariz de forma lenta y tan profundamente como pueda sin forzar. Cuando inspire, observe que el abdomen toca la superficie en la que yace. Cuando espire, sentirá que el abdomen y el pecho se relajan.

4. Repita el paso 3 una y otra vez sucesivamente y con suavidad.

5. Después de dedicar 1 minuto o 2 a la observación de este flujo rítmico de la respiración, añada un componente visual para aumentar sus efectos calmantes y curativos. En cada inspiración, imagine que no sólo llena el cuerpo de oxígeno beneficioso para la vida, sino también de otras sustancias nutritivas. En cada espiración, imagine que no sólo expulsa residuos metabólicos, sino también agentes nocivos que producen dolor, fatiga y sufrimiento. Deje que con cada espiración aumente su relajación.

6. Cuando se disponga a levantarse, apóyese sobre las manos y las rodillas y siéntese encima de los talones. Puede ponerse fácilmente en la postura del niño (p. 108), o girarse de costado y levantarse con cuidado (p. 64).

## POSTURA DEL NIÑO
*(YOGAMUDRA)*

⊕ **Para qué sirve**

▸ Favorece una relajación completa.

▸ Mientras respira rítmicamente en esta postura, los órganos internos reciben un suave masaje que mejora su circulación y también la eliminación de residuos.

▸ Ayuda a mantener la columna vertebral flexible.

▸ Alivia la presión de los nervios que salen de la columna vertebral.

⊛ **Cómo practicarla**

1. Siéntese sobre los talones, igual que en la postura del diamante (p. 20). Relaje la mandíbula y respire rítmicamente.

2. Lentamente flexione el cuerpo hacia delante y apoye la frente en la esterilla, o en una almohada sobre la esterilla. También puede girar la cabeza a un lado. Relaje los brazos y las manos junto al cuerpo, con las palmas de las manos giradas hacia arriba.

3. Quédese en esta postura tanto tiempo como le resulte cómodo. Respire lentamente y con suavidad.

4. Incorpórese lentamente y vuelva a la posición inicial.

⊘ **Nota**

*Ésta es una excelente contrapostura para realizar después de ejercicios de flexión hacia atrás como el arco (p. 52), la cobra (p. 86) y el camello (p. 104).*

▽ **Variante**

1. Siéntese sobre los talones, pero separe las rodillas con un almohadón en medio.

2. Flexione el cuerpo hacia delante y deje que el almohadón aguante su peso; envuélvalo con los brazos.

3. Quédese en esta postura tanto tiempo como le resulte cómodo, y vaya respirando rítmicamente.

4. Incorpórese lentamente.

# PALMAS SOBRE LOS OJOS

### ⊕ Para qué sirve

▶ **Relaja los músculos cansados de los ojos y ayuda a prevenir la fatiga visual.**

▶ **Reduce la tensión acumulada en la cara y el cuerpo.**

▶ **Mejora la concentración.**

### ⊛ Cómo practicarlo

1. Siéntese en un escritorio o mesa en que pueda apoyar los codos. Frótese las palmas de las manos enérgicamente varias veces para calentarlas.

2. Coloque suavemente las palmas de las manos, con los dedos juntos, sobre los ojos cerrados, sin presionarlos. Relaje la mandíbula y respire rítmicamente durante todo el ejercicio.

3. Quédese en esta posición unos 2 minutos para empezar, y más tiempo si puede y le resulta cómodo. Con cada espiración, relájese un poco más.

4. Cuando se disponga a terminar el ejercicio, separe los dedos para que vaya entrando la luz gradualmente. Abra los ojos.

5. Relaje los brazos y las manos.

6. Puede parpadear varias veces para lubricar los ojos de manera natural.

### ⊘ Notas

• *Se recomienda a los usuarios de ordenador que practiquen este ejercicio durante breves descansos del trabajo rutinario para ayudar a contrarrestar el efecto del deslumbramiento en los ojos.*

• *Los conductores agradecerán hacer una pausa para descansar los ojos durante viajes largos por carretera. Aparque el vehículo en un lugar seguro, apoye los codos en el volante y realice este ejercicio.*

• *Mientras practica este ejercicio, también puede hacer la respiración diafragmática rítmica (p. 53), la respiración antiansiedad (p. 60) o la respiración con los labios fruncidos (p. 54) para obtener más beneficios.*

# Trastornos del sueño

Los trastornos del sueño afectan a mucha gente, y las personas mayores y las que sufren trastornos psiquiátricos, como una depresión grave, pueden ser especialmente propensas a padecerlos.

De estos trastornos, el insomnio es el más corriente. Otros incluyen problemas para dormirse; dificultad para dormir por la noche o en otro momento que se prefiera para dormir; despertarse más pronto de lo que se desea; excesiva somnolencia durante el día, y fenómenos que ocurren durante la noche como las pesadillas y el sonambulismo.

Hay muchos factores que contribuyen a los trastornos del sueño. Algunos de estos factores son: un cambio en el ambiente en que se duerme; hacer un trabajo por turnos; el dolor, la ansiedad o la depresión; diversas enfermedades, entre ellas las que causan problemas respiratorios (pp. 50-51) y los problemas urinarios (p. 73).

Algunas consecuencias de dormir mal son: problemas de concentración, juicio y memoria; probabilidad de sufrir accidentes; mayor riesgo de padecer enfermedades, y disminución del rendimiento. Todo ello afecta a la calidad de vida.

## Síndrome de apnea del sueño

Se caracteriza por un cese de la respiración durante el sueño, dura 10 segundos o más y sucede al menos cinco veces por hora. Puede ser debido a una obstrucción o a una afección del sistema nervioso central (SNC).

En la apnea obstructiva del sueño, hay un movimiento aparente del diafragma y los músculos del pecho, pero no es eficaz contra la obstrucción parcial de las vías respiratorias, como indican los ronquidos. Cuando la entrada de oxígeno disminuye, la persona se despierta para respirar. El hecho de despertarse frecuentemente altera el ciclo normal del sueño.

La apnea del sueño suele ser frecuente en personas con ciertas profesiones, como los camioneros de larga distancia. Esta afección empeora con la obesidad (p. 113), que hace que se obstruyan más las vías respiratorias, que se relajan y se estrechan durante el sueño.

## Higiene del sueño

Las siguientes medidas pueden ayudar a prevenir los trastornos del sueño y favorecer un sueño reparador:

- Establecer un horario fijo de acostarse y despertarse.
- Practicar ejercicio a diario, pero evitar hacer ejercicio enérgico cuando falte poco para acostarse.
- Tomar medidas para contrarrestar la ansiedad (p. 78) y favorecer la calma antes de irse a dormir.
- Evitar fumar y tomar alcohol y bebidas con cafeína cuando falte poco para acostarse.
- Tomar medidas para evitar tener exceso de peso (p. 113).

# POSTURA DEL GATO

## ⊕ Para qué sirve

▸ Reduce la tensión acumulada y favorece la relajación.

▸ Facilita una respiración profunda y, por lo tanto, mejora la oxigenación de todos los tejidos del cuerpo.

▸ Produce un estiramiento terapéutico en los músculos de los brazos, piernas y torso.

▸ Mejora la circulación de todo el cuerpo.

▸ Mantiene la columna vertebral flexible.

## ⊛ Cómo practicarla

1. Apóyese sobre las manos y las rodillas. Relaje la mandíbula y respire rítmicamente.
2. En una espiración, baje la cabeza y ponga las caderas hacia abajo, de manera que la espalda se redondee.
3. Mantenga la postura durante unos segundos y vaya respirando rítmicamente.
4. Inspire y vuelva a la posición inicial.
5. En la próxima inspiración, incline la cabeza hacia atrás con cuidado y levante y estire una pierna.
6. Mantenga la postura durante unos segundos y vaya respirando rítmicamente.
7. Vuelva a la posición inicial.
8. Repita los pasos del 5 al 7 con la otra pierna.
9. En una espiración, baje la cabeza, flexione una pierna y lleve la rodilla hacia la frente.
10. Mantenga la postura durante unos segundos, y vaya respirando rítmicamente.
11. Vuelva a la posición inicial.
12. Repita los pasos del 9 al 11 con la otra pierna.
13. Repita la secuencia entera (pasos del 2 al 12) tantas veces como desee, de manera lenta y sucesiva.
14. Siéntese sobre los talones y descanse, o relájese en la postura del niño (p. 108).

# RESPIRACIÓN RELAJANTE

## ⊕ Para qué sirve

▶ Este ejercicio de respiración aparentemente sencillo, inspirado por maestros de zen, es realmente muy eficaz para tranquilizar el cuerpo y calmar los nervios. Desvía nuestra atención de los estímulos medioambientales perturbadores y de las preocupaciones cotidianas, y aporta una sensación de calma que lleva a una relajación profunda.

## ⊛ Cómo practicarla

1. Siéntese con el cuerpo erguido en una posición cómoda (pp. 19-21). Relaje la mandíbula y respire rítmicamente. Cierre los ojos.
2. En una espiración, cuente mentalmente «uno».
3. Inspire.
4. En las tres espiraciones siguientes, cuente «dos», «tres» y «cuatro», por orden.
5. Repita los pasos 3 y 4 sucesivamente y con suavidad. Vaya aumentando la duración del ejercicio cuando ya se sienta más familiarizado y cómodo con la técnica.
6. Abra los ojos y levántese lentamente (p. 64).

## ⊘ Nota

*Sabrá que ha desviado la atención si ve que está contando un número superior a 4. Simplemente vuelva a empezar a partir del 1. No se desanime si le ocurre a menudo al principio. Tenga paciencia y sea perseverante.*

# PIERNAS LEVANTADAS *(VIPARITA KARANI)*

## ⊕ Para qué sirve

▶ Calma el sistema nervioso. Favorece la armonía y una profunda relajación del cuerpo y la mente.

## ⊛ Cómo practicarlo

1. Flexione las piernas y, con cuidado, coloque el cuerpo de manera que levantando las piernas pueda apoyar los pies, primero uno y luego el otro, contra la pared.
2. Ponga las nalgas cerca de la pared de manera que las piernas estén hacia arriba y formen un ángulo de 90 grados con el torso. Relaje los brazos, un poco separados de los lados. Cierre los ojos.
3. Cuando inspire lentamente, con suavidad, y tan profundamente como pueda sin forzar, imagine que aporta a su cuerpo paz, renovación y curación, u otras cualidades positivas que desee.
4. Cuando espire lentamente y soltando todo el aire que pueda sin forzar, visualice que expulsa del cuerpo la tensión, la ansiedad y la fatiga u otras cualidades negativas. Utilice la espiración para dejar que el cuerpo se hunda más en el suelo.
5. Repita los pasos 3 y 4 una y otra vez sucesivamente y con suavidad.
6. Cuando se disponga a levantarse hágalo lentamente y con cuidado: flexione las piernas, vuelva a ponerlas en el suelo y levántese con cuidado (p. 64).

## ⊙ Advertencia

*Evite hacer esta postura si hace poco se le han formado coágulos venosos.*

## Problemas de peso

En una época de bebidas con gas, comida rápida y platos preparados, llenos de azúcar y grasas añadidas, cada vez hay más personas con serios problemas de peso. Si usted pesa un 10 o un 20% más del peso que se considera normal por su altura, constitución, sexo y edad, se puede considerar que tiene sobrepeso.

Si usted sobrepasa más de un 20% su peso «ideal» según los criterios que se indican arriba, se considera que es obeso.

Las personas obesas tienen más riesgo de contraer una enfermedad del corazón, y tener la tensión arterial alta (p. 61), problemas respiratorios (p. 50), diabetes, enfermedades de la vesícula biliar y apnea del sueño (p. 110). Cuando la obesidad está asociada con una dieta rica en grasas, aumenta el riesgo de padecer cáncer de mama, colon y próstata.

Los expertos aconsejan que, para perder el peso de más y evitar recuperarlo, deberíamos esforzarnos más por estar sanos que por estar sólo delgados. Para conseguirlo, quizá no hay nada mejor a largo plazo que combinar una alimentación nutritiva con la práctica de ejercicio.

Haciendo ejercicio con regularidad se obtienen beneficios como: quemar el exceso de calorías mediante la activación del metabolismo, fortalecer los músculos (las personas con más musculatura queman más calorías), potenciar la autoestima y aliviar el estrés.

Además de los beneficios que se indican arriba, el ejercicio reduce el riesgo de contraer ciertas enfermedades y también puede ayudar a aliviar la depresión y los cambios de humor.

# TORSIÓN EN POSICIÓN SENTADA *(BHARADVAJASANA)*

⊕ **Para qué sirve**

▸ Permite la torsión (giro) de la columna vertebral a ambos lados y proporciona un masaje terapéutico a los nervios que salen de la columna.

▸ Mantiene la columna vertebral flexible.

▸ Tonifica los músculos de la parte inferior de la espalda.

▸ Tonifica los músculos abdominales transversales y oblicuos.

▸ Mejora la circulación en la zona de los riñones, en la región lumbar.

▸ Revitaliza las glándulas suprarrenales, situadas encima de los riñones (casi todos los sistemas del cuerpo están influenciados por las hormonas de las glándulas suprarrenales).

▸ Ayuda a la digestión y combate el estreñimiento.

⊛ **Cómo practicarla**

1. Siéntese de lado en una silla sin brazos y con el respaldo recto a su derecha. Ponga los pies planos en el suelo y separados. Compruebe que está sentado con el cuerpo erguido. Relaje la mandíbula y respire rítmicamente.

2. En una espiración, gire lentamente la parte superior del cuerpo hacia la derecha, y mantenga la parte inferior tan quieta como pueda. Agárrese al respaldo de la silla con ambas manos. Mire hacia el hombro derecho.

3. Mantenga la postura tanto como pueda con total comodidad, y vaya respirando rítmicamente.

4. Inspire, y lentamente vuelva a la posición inicial. Relaje los brazos y las manos.

5. Siéntese con el respaldo de la silla a su izquierda.

6. Espire y gire la parte superior del cuerpo a la izquierda. Agárrese al respaldo de la silla con ambas manos. Mire al hombro izquierdo.

7. Mantenga la postura tanto tiempo como pueda con total comodidad y vaya respirando rítmicamente.

8. Inspire y vuelva a la posición inicial. Relaje brazos y manos.

# POSTURA DE LA MONTAÑA
## *(PARVATASANA)*

### ⊕ Para qué sirve

▸ Facilita una respiración profunda, a través de la cual las células del cuerpo reciben el oxígeno.

▸ Favorece una buena circulación, mediante la cual los tejidos reciben los nutrientes.

▸ Tonifica los músculos abdominales, pélvicos y de la espalda.

▸ Evita que la grasa se deposite en la cintura y el abdomen.

▸ Mejora el soporte muscular de los órganos internos.

▸ Tonifica los músculos del pecho y los brazos.

### ⊛ Cómo practicarla

1. Siéntese con el cuerpo erguido en una silla (véase p. 21). Relaje la mandíbula y respire rítmicamente.

2. Inspire, estire los brazos por encima de la cabeza y manténgalos cerca de las orejas. Ponga las palmas de las manos juntas, si puede.

3. Mantenga la postura durante varios segundos, y vaya respirando rítmicamente. Aumente el tiempo cuando esté más familiarizado con la técnica.

4. Espire y baje los brazos. Descanse.

### ⊘ Nota

*Puede hacer este ejercicio en posición sentada en una esterilla, con las piernas dobladas (p. 19) o en la postura del diamante (p. 20).*

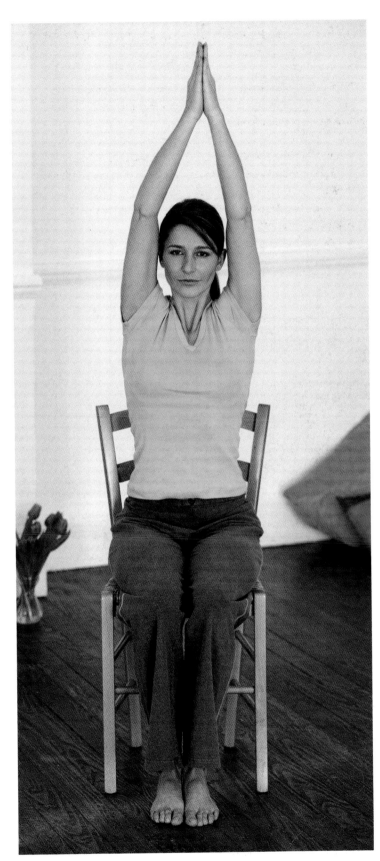

# POSTURA DEL PALO
## (YASTIKASANA)

### ⊕ Para qué sirve

▸ Hace un estiramiento
  terapéutico a todo el cuerpo.

▸ Evita que la grasa se acumule en
  el estómago.

▸ Facilita que el oxígeno entre
  más fácilmente.

### ⊛ Cómo practicarla

1. Póngase de pie con el cuerpo erguido
   y reparta el peso equitativamente
   entre los pies. Relaje la mandíbula
   y respire rítmicamente.

2. Inspire y estire los brazos por
   encima de la cabeza.
   Manténgalos cerca de las orejas.
   Ponga las palmas de las manos
   juntas, si puede.

3. Mantenga esta postura tanto
   tiempo como le resulte cómodo,
   y vaya respirando regularmente.

4. Espire y baje los brazos. Descanse.

### ⊘ Nota

*En la página 68 encontrará una
variante de esta postura en posición
tumbada.*

# LA MEDIA LUNA *(ARDHA CHANDRASANA)*

## ⊕ Para qué sirve

▶ Vigoriza los músculos del abdomen que suelen ejercitarse poco.

▶ Tonifica los músculos de la espalda.

▶ Mantiene la columna vertebral flexible.

▶ Evita que la grasa se acumule en el estómago.

▶ Facilita una respiración profunda.

▶ Mantiene una buena movilidad de las articulaciones de los hombros y evita la rigidez.

▶ Tonifica los músculos de los brazos.

## ⊛ Cómo practicarlo

1. Póngase de pie con el cuerpo erguido y los pies juntos. Relaje los brazos a los lados. Relaje la mandíbula y respire rítmicamente.

2. Inspire y ponga los brazos rectos por encima de la cabeza. Manténgalos cerca de las orejas. Ponga las manos juntas, si puede.

3. En una espiración, flexione la parte superior del cuerpo hacia un lado lentamente y con suavidad, hasta donde le resulte cómodo.

4. Mantenga esta postura durante unos segundos, y siga respirando rítmicamente.

5. Inspire y vuelva a la posición inicial. Relaje los brazos. Haga una breve pausa.

6. Repita el ejercicio hacia el otro lado (pasos del 2 al 5).

# RESPIRACIÓN ALTERNA POR LOS ORIFICIOS NASALES *(NADI SHODHANAM)*

⊕ **Para qué sirve**

▶ Si se tiene buena salud, hay un flujo de aire alterno y previsible entre los orificios nasales izquierdo y derecho. Durante unas dos horas, la respiración se realiza predominantemente por un orificio, y luego cambia al otro. Es un ritmo biológico natural.

▶ Si se produce una obstrucción constante de un orificio y el flujo de aire pasa por el otro durante algunas horas, puede ser indicio de que se va a enfermar. Este estado puede ser provocado por varios factores, entre ellos: trastornos emocionales, problemas de sueño, déficits nutricionales e infección.

▶ Cambiando deliberadamente el flujo de aire de un orificio al otro de forma regular, la respiración alterna por los orificios nasales ayuda a mantener o a restablecer el ritmo metabólico natural: un equilibrio entre los procesos de síntesis (anabólicos) y de desintegración (catabólicos) que constituyen el metabolismo, que es el conjunto de todos los cambios físicos y químicos que tienen lugar en el cuerpo.

⊛ **Cómo practicarla**

1. Siéntese con el cuerpo erguido en una posición cómoda. Relaje la mandíbula y respire rítmicamente.
2. Apoye la mano izquierda en el regazo o en la rodilla. Con la mano derecha levantada delante, coloque los dedos como se indica a continuación: doble los dos dedos medios hacia la palma de la mano, o apóyelos suavemente en el puente de la nariz una vez haya empezado el ejercicio. Con el pulgar, cierre el orificio derecho, y con el dedo anular, o el anular y el meñique, cierre el orificio izquierdo.
3. Cierre los ojos. Con el pulgar, cierre el orificio derecho e inspire lentamente y tan profundamente como pueda por el orificio izquierdo.
4. Cierre el orificio izquierdo, destape el derecho y espire lentamente y soltando todo el aire por el orificio derecho.
5. Inspire por el orificio derecho.
6. Cierre el orificio derecho y deje libre el izquierdo. Espire. Aquí termina un ciclo de respiración alterna.

## Alergias

La palabra «alergia» procede del griego *allos*, que significa «otro», y *ergon*, que significa «trabajo». Se utiliza para designar una reacción hipersensible del sistema inmunológico del cuerpo ante una sustancia extraña (alérgeno). Esta reacción puede ser debida a la liberación de histamina o de sustancias similares a la histamina por parte de las células afectadas.

Algunos de los alérgenos comunes son: el polvo de la casa, el humo del tabaco, la caspa de los animales, el polen y el veneno de los insectos.

Una reacción alérgica puede manifestarse de muchas maneras, entre ellas: erupciones, congestión nasal, asma, fiebre del heno e irritaciones en los oídos y en los ojos.

Factores estresantes como una dieta inadecuada, trastornos emocionales, un sueño insuficiente, infecciones y el uso de ciertos medicamentos pueden provocar una reacción alérgica.

### Alergias a medicamentos

Entre los medicamentos que es más probable que causen reacciones alérgicas se encuentran las sulfamidas, los barbitúricos, los anticonvulsivos, la insulina y los anestésicos locales.

Algunos de los indicios y síntomas de las reacciones alérgicas a medicamentos son: dificultades para respirar, respiración sibilante, erupciones, urticaria y picor generalizado.

### Alergias a alimentos

Algunos de los alimentos que principalmente pueden causar alergias son: las proteínas de la leche de vaca, las claras de huevo, los cacahuetes, el trigo y las semillas de soja. Otros alimentos que pueden causar problemas son las judías, las bayas, el maíz y el marisco. El colorante amarillo n.º 5 también puede producir una reacción alérgica.

Algunos de los indicios y síntomas de las alergias a alimentos son: náuseas o vómitos, dolor abdominal, diarrea, eczema, urticaria, hinchazón debajo de la piel, en los labios, los ojos, la lengua, la cara o la garganta y congestión nasal.

## MEDIA POSTURA SOBRE LOS HOMBROS *(ARDHA SARVANGASANA)*

⊕ **Para qué sirve**

▸ Mejora el riego sanguíneo en las estructuras nerviosas de la cabeza.

▸ Contrarresta la fuerza de la gravedad descendente aliviando la congestión en las estructuras de la parte inferior del cuerpo.

▸ Tonifica los músculos del cuello, la espalda y el abdomen.

▸ Revitaliza los órganos del tronco y mejora la circulación y el funcionamiento de los sistemas linfático, nervioso y endocrino.

⊛ **Cómo practicarla**

1. Túmbese boca arriba con las piernas estiradas hacia delante y los brazos a los lados. Relaje la mandíbula y respire rítmicamente durante todo el ejercicio.
2. Lleve una rodilla flexionada hacia el pecho y después la otra.
3. Estire las piernas y levántelas de una en una, y ponga los pies hacia arriba.
4. Espire e impúlsese hacia atrás con ambos pies a la vez para que las caderas queden fuera de la esterilla. Sujete las caderas con las manos.
5. Mantenga esta postura tanto tiempo como le resulte cómodo, y vaya respirando rítmicamente.
6. Para terminar la postura, apoye las manos en la esterilla, cerca del cuerpo. Mantenga la cabeza pegada a la esterilla y muy lentamente baje el torso, de arriba a abajo.
7. Flexione las rodillas, estire las piernas de una en una y descanse.

⚠ **Advertencia**

*No practique esta postura durante el período menstrual. No la incluya en su programa de ejercicios si tiene una dolencia auditiva u ocular, la tensión arterial alta, una enfermedad cardíaca u otras dolencias cardiovasculares. Consúltelo con el médico.*

# POSTURA SOBRE LOS HOMBROS (*SARVANGASANA*)

## ⊕ Para qué sirve

▸ Los beneficios que se derivan de la postura sobre los hombros son los mismos que los de la media postura sobre los hombros. La postura sobre los hombros, además, mediante la contracción de los músculos de la parte delantera del cuello, junto con la suave presión que ejerce la barbilla sobre el pecho, tiene un efecto regulador de la tiroides (y el hecho de que la tiroides funcione mejor beneficia todo el organismo).

## ⊛ Cómo practicarla

1. Túmbese boca arriba con las piernas estiradas hacia delante y los brazos a los lados. Relaje la mandíbula y respire rítmicamente.
2. Lleve una rodilla flexionada hacia el pecho y después la otra.
3. Estire las piernas y levántelas de una en una, y ponga los pies hacia arriba.
4. Espire e impúlsese hacia atrás con ambos pies a la vez para que las caderas queden fuera de la esterilla. Sujete las caderas con las manos.
5. Gradualmente, ponga una mano y luego la otra hacia la parte superior de la espalda hasta que el cuerpo esté en posición vertical. La barbilla debería estar en contacto con el pecho.
6. Mantenga la postura tanto tiempo como le resulte cómodo, y vaya respirando rítmicamente.
7. Para terminar la postura, incline las piernas ligeramente hacia atrás. Apoye los brazos en la esterilla junto al torso. Mantenga la cabeza pegada a la esterilla y baje el cuerpo lentamente, de arriba abajo. Flexione las rodillas, estire las piernas de una en una y descanse.

## ⊙ Advertencia

*Son las mismas que las que se indican en la media postura sobre los hombros. Además, evite hacer la postura sobre los hombros si tiene dolor en el cuello.*

## LIMPIEZA DE LA LENGUA

### ⊕ Para qué sirve

▸ Contrarresta los efectos de respirar por la boca, que hace que las membranas bucales se sequen y sean vulnerables a las infecciones.

▸ Ayuda a mantener el aliento fresco.

▸ Ayuda a prevenir el dolor de garganta o evitar que empeore.

### ⊛ Cómo practicarla

1. Necesita una cucharilla metálica (o un raspador especial para la lengua, que puede encontrar en tiendas que vendan artículos de yoga). No se recomienda utilizar un cepillo de dientes.

2. En una espiración, saque la lengua hasta donde le resulte cómodo. Utilice la parte cóncava de la cuchara para raspar, de atrás hacia delante, los depósitos acumulados en la lengua. Hágalo con firmeza pero cuidadosamente.

3. Inspire, ponga la lengua dentro y cierre la boca. Respire rítmicamente.

4. Lave la cuchara con agua corriente fría para quitar los depósitos.

5. Repita los pasos del 2 al 4 una o dos veces.

6. Para terminar, enjuáguese bien la boca y también puede cepillarse y limpiarse los dientes con hilo dental.

7. Lave la cucharilla con agua y jabón, séquela y guárdela para futuros usos.

## LAVADO DE OJOS

### ⊕ Para qué sirve

▸ Limpia los ojos.

▸ Es útil para aliviar el picor y otros síntomas alérgicos de los ojos.

▸ Reduce la tensión acumulada en los músculos de los ojos; los calma y relaja, además de contrarrestar la fatiga visual.

### ⊛ Cómo practicarlo

1. Ponga agua limpia y fría en un cuenco limpio.

2. Incline el cuenco y, con las manos limpias, échese agua con cuidado varias veces con los ojos abiertos.

3. Cierre los ojos para secárselos cuidadosamente con una toalla limpia y suave.

4. Descanse 1 minuto o 2 con los ojos cerrados. Relaje la mandíbula y respire rítmicamente.

## LIMPIEZA NASAL (NETI)

### ⊕ Para qué sirve

▸ Mantiene las fosas nasales despejadas y suaviza el revestimiento mucoso.

▸ Aumenta la tolerancia a los agentes irritantes de la membrana mucosa de la nariz.

▸ Potencia la armonía fisiológica porque permite respirar libremente a través de los orificios nasales.

### ⊛ Cómo practicarla

1. Disuelva un cuarto de cucharadita de sal en una taza de agua templada (la concentración aproximada de sodio en la sangre y los fluidos de los tejidos).

2. Vierta un poco de solución en una mano limpia ahuecada. Cierre un orificio de la nariz con el pulgar u otro dedo y con mucho cuidado inhale un poco por el orificio abierto.

3. Espire, enérgicamente pero sin forzar, para expulsar el líquido en una palangana u otro recipiente.

4. Repita el procedimiento con el mismo orificio 1 ó 2 veces.

5. Repita el procedimiento 2 ó 3 veces con el otro orificio. Respire con normalidad y descanse.

### ⊘ Nota

*Puede encontrar unos recipientes especiales para el neti en tiendas que vendan artículos de yoga.*

# POSTURA DEL PEZ *(MATSYASANA)*

## ⊕ Para qué sirve

▸ Expande el pecho para facilitar una respiración profunda y repartir
mejor el oxígeno a todos los tejidos.

▸ Mejora el funcionamiento de los órganos internos estirando y tonificando
los músculos del torso, y también mediante un suave masaje interno.

▸ Estimula la glándula del timo y de este modo contribuye al buen
funcionamiento del sistema inmunológico.

## ⊛ Cómo practicarla

1. Túmbese boca arriba con las piernas estiradas hacia delante y los brazos a
los lados. Relaje la mandíbula y respire rítmicamente.

2. Flexione los brazos y haga presión sobre los codos para poder levantar el
pecho y arquear la espalda.

3. Estire el cuello con mucho cuidado y deje caer la cabeza hacia los hombros.
Apoye la parte superior de la cabeza suavemente en la esterilla (descanse la
mayor parte del peso en las nalgas y codos, no en la cabeza).

4. Mantenga esta postura unos segundos para empezar, y más tiempo
cuando le resulte más cómoda. Respire lentamente, con suavidad y tan
profundamente como pueda sin forzar.

5. Termine la postura con mucho cuidado y vuelva a la posición inicial.
Descanse.

## ⊘ Nota

*La flexión de la rodilla (p. 39) es una buena postura para hacer después del pez.*

## ⓘ Advertencias

• *Evite hacer esta postura durante los tres primeros días de la menstruación.*

• *Evite hacerla si tiene dolor en el cuello o padece un trastorno del equilibrio,
por ejemplo vértigo o mareo.*

• *Si tiene problemas de tiroides, antes consúltelo con el médico si tiene pensado
incluir esta postura en su programa de ejercicios.*

# PARTE 3: TABLAS DE EJERCICIOS PARA EL BIENESTAR

El bienestar se puede considerar un estado que refleja todo lo que una persona pone de su parte para funcionar de manera óptima. La salud, según la Organización Mundial de la Salud, es un «estado de bienestar completo físico, mental y social, y no sólo la ausencia de enfermedades o achaques». Sin embargo, este estado de equilibrio no es estático, y es normal que se altere cuando las condiciones cambian.

La tendencia de los profesionales sanitarios ha sido centrarse más en la enfermedad que en el bienestar, posiblemente porque en su formación se destacaba más el tratamiento de la enfermedad que la prevención.

# La filosofía del yoga

El yoga tiene una filosofía diferente, favorece y ayuda a conseguir y mantener el bienestar, en el que el cuerpo, la mente y el espíritu funcionan juntos en armonía. Su objetivo básicamente es prevenir: frenar el desarrollo y evolución de una enfermedad potenciando el funcionamiento del sistema curativo del cuerpo. El yoga proporciona las «herramientas» y enseña las técnicas para desarrollar y practicar estilos de vida saludables, para fortalecer el cuerpo y la mente y aumentar la inmunidad a las enfermedades. Siempre es mejor prevenir que curar.

Aunque algunas enfermedades aparecen pese hacer todo lo posible para prevenirlas, otras se pueden evitar. La osteoporosis (p. 40), por ejemplo, se puede prevenir en gran parte procurando hacer desde el principio una dieta equilibrada y ejercicio con regularidad. Las lesiones por esfuerzo repetitivo (p. 46) también se pueden prevenir en muchos casos practicando unos hábitos posturales correctos y haciendo descansos periódicos para realizar ejercicios que alivien el estrés. En el caso de enfermedades que pueden afectar a una buena movilidad, como en algunas formas de artritis (p. 30), tener una buena alimentación y hacer ejercicio con regularidad puede ser de gran ayuda para retrasar o incluso evitar los problemas de movilidad.

El bienestar requiere atención y esfuerzo. Es el resultado de mantener un estilo de vida saludable, como llevar una buena dieta y hacer ejercicio, y poner en práctica estrategias para reducir el estrés. También implica tener en cuenta el componente espiritual de la persona, que los ejercicios de meditación ayudan a alimentar.

## Tablas de ejercicios de yoga

Las tablas de ejercicios que se muestran a continuación le ayudarán en su esfuerzo por potenciar al máximo su capacidad para funcionar en plena forma. Son de orientación holística, por lo que le dan la oportunidad de ocuparse no sólo del cuerpo físico (mediante las *asanas* o posturas), sino también de los componentes del sistema curativo que no son físicos (mediante el *pranayama*, o ejercicios de respiración, y a través de la capacidad de imaginar y otras formas de meditación).

Los programas que se ofrecen están pensados para que el paso de un ejercicio al siguiente se haga de la forma más lógica y fácil posible. Sin embargo, si lo desea puede modificar el orden en el que aparecen para adaptarlos a sus preferencias y necesidades particulares.

Las tablas también se han creado para proporcionar un estiramiento y fortalecimiento de los principales grupos de músculos del cuerpo con los mínimos movimientos para evitar la fatiga, mantener la buena movilidad de las articulaciones, aumentar la capacidad de concentración y favorecer una respiración eficaz.

Antes de empezar a poner en práctica cualquiera de estas tablas, puede serle útil repasar la parte 2, especialmente las precauciones (pp. 16-17).

# SESIÓN DE EJERCICIOS DE 20 MINUTOS PARA HOMBRES Y MUJERES

Si está más o menos en forma y no tiene ninguna discapacidad, encontrará que esta tabla es bastante fácil de realizar. Hágala por lo menos en días alternos, para ayudarle a fortalecerse y mantener su estado físico actual.

Esta tabla también se puede realizar el fin de semana, que es probable que tenga un poco más de tiempo que durante la semana. El número de repeticiones que se propone puede modificarse según sus necesidades particulares.

## PARA EMPEZAR:

1. Respiración dinámica purificante entre 10 y 30 veces | *p. 87*

## CALENTAMIENTO:

1. Estiramientos del cuello entre 3 y 5 veces en cada dirección | *p. 23*
2. Círculos con los hombros entre 5 y 8 veces en cada dirección | *p. 23*
3. Círculos con los tobillos entre 5 y 8 veces en cada dirección, con cada pie | *p. 24*
4. La mariposa entre 10 y 20 veces | *p. 25*
5. Torsión de la pelvis en posición tumbada entre 5 y 8 veces en cada dirección | *p. 26*
6. Balanceo sobre la espalda entre 5 y 10 veces | *p. 27*

## EJERCICIOS PRINCIPALES:

1. Ejercicio de abdominales | *p. 37*
2. Ejercicio de abdominales en diagonal | *p. 37*
3. Torsión vertebral | *p. 96*
4. Estiramiento de costados (lateral), en posición sentada | *p. 55*
5. El puente | *p. 38*
6. Flexión de la rodilla | *p. 39*
7. Media postura sobre los hombros y/o postura sobre los hombros | *pp. 83, 84*
8. El arado | *p. 85*
9. El pez | *p. 57*
10. La cobra | *p. 86*
11. La media langosta y/o la langosta | *pp. 70, 71*
12. El arco | *p. 52*
13. Postura del niño | *p. 108*
14. El árbol | *p. 42*

## RELAJACIÓN Y RECUPERACIÓN:

1. La postura del cadáver durante al menos 5 minutos | *pp. 62-63*

# SESIÓN DE EJERCICIOS ALTERNATIVOS DE 20 MINUTOS PARA HOMBRES Y MUJERES

Puede alternar la sesión anterior de 20 minutos con ésta, para aportar más variedad a la práctica y tener un nuevo reto.

## PARA EMPEZAR:

1. Respiración diafragmática rítmica 1 minuto o 2, en posición sentada o tumbada | *p. 53*

## CALENTAMIENTO:

1. Estiramientos del cuello entre 3 y 5 veces en cada dirección | *p. 23*
2. Círculos con los hombros entre 5 y 8 veces en cada dirección | *p. 23*
3. Círculos con los tobillos entre 5 y 8 veces en cada dirección, con cada pie | *p. 24*
4. La mariposa entre 10 y 20 veces | *p. 25*
5. Torsión de la pelvis en posición tumbada entre 5 y 8 veces en cada dirección | *p. 26*
6. Balanceo sobre la espalda entre 5 y 10 veces | *p. 27*

## EJERCICIOS PRINCIPALES:

1. Secuencia de saludo al sol, entre 2 y 6 series | *pp. 89-91*
2. La media luna | *p. 117*
3. El águila | *p. 35*
4. Torsión vertebral | *p. 96*

## RELAJACIÓN Y RECUPERACIÓN:

1. La postura del cadáver durante al menos 5 minutos | *pp. 62-63*

# SESIÓN DE EJERCICIOS DE 10 MINUTOS PARA HOMBRES Y MUJERES

Si anda muy escaso de tiempo, esta tabla, aunque es más corta que las dos anteriores, será suficiente para ayudarle a mantener su estado de salud. Procure hacerla por lo menos en días alternos. Modifique el número de repeticiones que se propone según sus circunstancias y necesidades particulares.

## CALENTAMIENTO:

1. Estiramientos del cuello entre 3 y 5 veces en cada dirección | *p. 23*
2. Círculos con los hombros entre 5 y 8 veces en cada dirección | *p. 23*
3. Círculos con los tobillos entre 5 y 8 veces en cada dirección, con cada pie | *p. 24*
4. La mariposa entre 8 y 12 veces | *p. 25*
5. Torsión de la pelvis en posición tumbada entre 5 y 8 veces en cada dirección | *p. 26*
6. Balanceo sobre la espalda entre 5 y 8 veces | *p. 27*

## EJERCICIOS PRINCIPALES:

1. Ejercicio de abdominales | *p. 37*
2. Ejercicio de abdominales en diagonal | *p. 37*
3. Estiramiento de costados (lateral), en posición sentada | *p. 55*
4. Torsión vertebral | *p. 96*
5. El puente | *p. 38*
6. La media langosta | *p. 70*
7. Postura del niño | *p. 108*
8. Ángulo en equilibrio | *p. 69*

## RELAJACIÓN Y RECUPERACIÓN:

1. Piernas levantadas, combinado con la imaginación, durante el tiempo que queda | *p. 79*

# SESIÓN DE EJERCICIOS ALTERNATIVOS DE 10 MINUTOS PARA HOMBRES Y MUJERES

Puede alternar la sesión anterior de 10 minutos con ésta, para aportar más variedad a la práctica y tener un nuevo reto.

## CALENTAMIENTO:

De pie:
1. Estiramientos del cuello entre 3 y 5 veces en cada dirección | *p. 23*
2. Círculos con los hombros entre 5 y 8 veces en cada dirección | *p. 23*
3. Rotaciones de las muñecas entre 5 y 8 veces en cada dirección, con cada mano | *p. 24*
4. Secuencia de saludo al sol (2 series) | *pp. 89-91*

## EJERCICIOS PRINCIPALES:

1. Postura del palo, de pie | *p. 116*
2. La media luna | *p. 117*
3. Postura de la cabeza de vaca, de pie | *p. 34*
4. El árbol | *p. 42*
5. El águila | *p. 35*
6. Postura en cuclillas | *p. 45*

## RELAJACIÓN Y RECUPERACIÓN:

1. La postura del niño, combinada con la respiración diafragmática rítmica, durante el tiempo que quede | *pp. 108, 53*

# SESIÓN DE EJERCICIOS DE 5 MINUTOS PARA HOMBRES Y MUJERES

Para las personas que están más ocupadas, pero que sin embargo son conscientes de la importancia de estar en forma, esta tabla de 5 minutos, junto con otros ejercicios integrados en su horario diario, les aportará múltiples beneficios. Lo ideal es hacerla todos los días, pero, si no es posible, procure hacerla en días alternos. Modifique el número de repeticiones que se propone según sus necesidades y preferencias.

## CALENTAMIENTO:

1. Estiramientos del cuello entre 3 y 5 veces en cada dirección | *p. 23*
2. Círculos con los hombros entre 5 y 8 veces en cada dirección | *p. 23*
3. Círculos con los tobillos entre 5 y 8 veces en cada dirección, con cada pie | *p. 24*
4. La mariposa entre 5 y 10 veces | *p. 25*

## EJERCICIOS PRINCIPALES:

1. Ejercicio de abdominales | *p. 37*
2. Ejercicio de abdominales en diagonal | *p. 37*
3. Torsión vertebral | *p. 96*
4. La media langosta | *p. 70*
5. Postura del niño | *p. 108*
6. Postura del palo, de pie | *p. 116*
7. La media luna | *p. 117*

## RELAJACIÓN Y RECUPERACIÓN:

1. El cocodrilo, combinado con la respiración diafragmática rítmica, durante el tiempo que quede | *pp. 107, 53*

# SESIÓN DE EJERCICIOS ALTERNATIVOS DE 5 MINUTOS PARA HOMBRES Y MUJERES

Puede alternar la sesión anterior de 5 minutos con ésta, para aportar más variedad a la práctica y tener un nuevo reto.

## CALENTAMIENTO:

1. En posición sentada en la postura del diamante | *p. 20*
2. Estiramientos del cuello entre 3 y 5 veces en cada dirección | *p. 23*
3. Círculos con los hombros entre 5 y 8 veces en cada dirección | *p. 23*
4. Rotaciones de las muñecas entre 5 y 8 veces en cada dirección, con cada muñeca | *p. 24*

## EJERCICIOS PRINCIPALES:

1. Torsión vertebral, en la postura del diamante | *p. 97*
2. Estiramiento de costados, en la postura del diamante | *p. 55*
3. Postura del perro | *p. 58*
4. Estiramiento pélvico o el camello | *pp. 95, 104*

## RELAJACIÓN Y RECUPERACIÓN

1. La postura del niño, combinada con la respiración diafragmática rítmica, durante el tiempo que quede | *pp. 108, 53*

# EJERCICIOS ESPECIALES PARA PERSONAS MAYORES (15 MINUTOS APROXIMADAMENTE)

Esta tabla de ejercicios suaves interesará a hombres y mujeres de edad avanzada. Ayuda a prevenir la rigidez de las articulaciones, evita que los músculos se atrofien y que la circulación se vuelva lenta. Al final de la sesión, en lugar de sentirse agotado se sentirá lleno de energía.

Haga los ejercicios todos los días, si puede. Si no, procure hacerlos en días alternos. Empiece haciendo el número mínimo de repeticiones que se propone y en posteriores sesiones intente conseguir hacer el máximo número.

## PARA EMPEZAR:

1. Siéntese en posición erguida en una silla recta sin brazos, que le permita apoyar los pies, planos, en el suelo. Apoye las manos en los muslos o en el regazo. No apriete los dientes para relajar la mandíbula, e inspire y espire por la nariz lentamente, con suavidad, y tan profundamente como pueda sin forzar. Dedique 1 minuto o 2 a hacer esta respiración tranquila y rítmica | *p. 21*

## CALENTAMIENTO:

1. Estiramientos del cuello entre 3 y 5 veces en cada dirección | *p. 23*
2. Círculos con los hombros entre 3 y 5 veces en cada dirección | *p. 23*
3. Círculos con los tobillos entre 3 y 5 veces en cada dirección, con cada pie | *p. 24*
4. Rotaciones de las muñecas entre 3 y 5 veces en cada dirección, con cada muñeca | *p. 24*

## EJERCICIOS PRINCIPALES:

1. Postura de la montaña, en posición sentada en una silla | *p. 115*
2. Torsión en posición sentada | *p. 114*
3. Postura del palo, de pie | *p. 116*
4. La media luna | *p. 117*
5. Extensión del pecho | *p. 59*

## RELAJACIÓN Y RECUPERACIÓN

1. La postura del cadáver en una posición cómoda, con almohadas colocadas donde sea necesario para apoyarse y tener más comodidad. Dedique al menos 5 minutos a la relajación | *pp. 62-63*

# EJERCICIOS PARA MUJERES EMBARAZADAS (15 MINUTOS APROXIMADAMENTE)

Antes de intentar hacer esta tabla, consúltelo con su médico, tocólogo, comadrona o fisioterapeuta. Véanse también las precauciones para mujeres embarazadas de la página 17.

Empiece haciendo el número mínimo de repeticiones que se propone y gradualmente avance hacia el número máximo. Tenga presentes las señales del cuerpo y modifique el número de repeticiones según sus necesidades concretas.

## CALENTAMIENTO:

1. Estiramientos del cuello entre 3 y 5 veces en cada dirección | *p. 23*
2. Círculos con los hombros entre 5 y 8 veces en cada dirección | *p. 23*
3. Círculos con los tobillos entre 5 y 8 veces en cada dirección, con cada pie | *p. 24*

## EJERCICIOS PRINCIPALES:

Mantenga cada postura entre 3 y 5 segundos para empezar, y aumente el tiempo gradualmente en posteriores sesiones o modifíquelo según su estado actual.

1. Ejercicio de abdominales | *p. 37*
2. Ejercicio de abdominales en diagonal | *p. 37*
3. Inclinación de la pelvis, en posición tumbada | *p. 101*
4. El puente | *p. 38*
5. Flexión de la rodilla | *p. 39*
6. La media luna | *p. 117*
7. Postura del palo, de pie | *p. 116*
8. Postura en cuclillas | *p. 45*
9. Ejercicio del suelo pélvico combinado con la respiración diafragmática rítmica | *pp. 77, 53*

## RELAJACIÓN Y RECUPERACIÓN

1. La postura del cadáver en una posición cómoda, durante el tiempo que quede | *pp. 62-63*

## EJERCICIOS POSPARTO (15 MINUTOS APROXIMADAMENTE)

Antes de intentar hacer esta tabla, consúltelo con su médico, fisioterapeuta u otro cuidador cualificado.

Empiece haciendo el número mínimo de repeticiones que se propone y avance hacia el número máximo cuando tenga más fuerza y energía. Modifique el número de repeticiones si es necesario. Esté atenta y receptiva a las señales del cuerpo.

### CALENTAMIENTO:

1. Estiramientos del cuello entre 3 y 5 veces en cada dirección | *p. 23*
2. Círculos con los hombros entre 5 y 8 veces en cada dirección | *p. 23*
3. Círculos con los tobillos entre 5 y 8 veces en cada dirección, con cada pie | *p. 24*
4. La mariposa entre 8 y 12 veces | *p. 25*
5. Torsión de la pelvis en posición tumbada entre 4 y 6 veces en cada dirección | *p. 26*

### EJERCICIOS PRINCIPALES:

1. Ejercicio de abdominales (al principio levante sólo la cabeza) | *p. 37*
2. Ejercicio de abdominales en diagonal (opcional hasta que se sienta más fuerte) | *p. 37*
3. Torsión vertebral (cualquier variante) | *p. 96*
4. Inclinación de la pelvis, en posición supina o a gatas | *pp. 101, 103*
5. El puente | *p. 38*
6. Flexión de la rodilla | *p. 39*
7. Postura del palo, en posición tumbada | *p. 68*
8. La media luna | *p. 117*
9. Postura en cuclillas | *p. 45*
10. Postura del perro | *p. 58*
11. Ejercicio del suelo pélvico combinado con la respiración diafragmática rítmica | *pp. 77, 53*

### RELAJACIÓN Y RECUPERACIÓN

1. El cocodrilo combinado con la respiración diafragmática rítmica y la imaginación (ponga una almohada o un cojín planos, o una toalla doblada debajo de las caderas) | *pp. 107, 53*

# GLOSARIO

Alérgeno ~ Cualquier sustancia que produce una reacción alérgica.

Almohadón ~ Cojín compacto, generalmente de forma cilíndrica. Se usa como soporte en algunas posturas del yoga.

Analgésico ~ Remedio que alivia el dolor.

Anemia ~ Deficiencia en la calidad o cantidad de glóbulos rojos de la sangre.

Anestésico ~ Medicamento que produce insensibilidad al tacto o al dolor.

Antiácido ~ Sustancia que neutraliza el ácido.

Anticonvulsivo ~ Agente que previene o alivia las convulsiones (ataques).

Articulaciones del sacroilíaco ~ Son las articulaciones formadas por los huesos de la cadera y el sacro.

Asana ~ Ejercicio físico del yoga. Postura cómoda de mantener.

Atrofia ~ Debilitamiento de cualquier parte del cuerpo.

Boca abajo ~ Posición tumbada con la cara hacia abajo. Lo contrario de supino.

Bucal ~ Perteneciente a la boca.

Cardiovascular ~ Perteneciente al corazón y a los vasos sanguíneos.

Cervical ~ Hace referencia a la zona del cuello.

Colon ~ El intestino grueso, que va del intestino ciego al recto.

Cortisol ~ Hormona esteroide. Generalmente se describe como hormona del estrés.

Coxis ~ Hueso del final de la columna vertebral.

Crónico ~ De larga duración.

Cuádriceps ~ Músculo grande de la parte anterior del muslo. Extiende (estira) la rodilla.

Diafragma ~ Separación muscular en forma de cúpula que separa el tórax del abdomen. Véase también diafragma pélvico.

Diafragma pélvico ~ Soporte muscular para los órganos de la pelvis en forma de cabestrillo. Se encuentra entre las piernas y se extiende desde el coxis hasta el hueso púbico. También se conoce como suelo pélvico.

Diafragmático ~ Relativo al diafragma.

Disco ~ Véase disco intervertebral.

Disco intervertebral ~ Disco ancho y plano de fibrocartílago que se encuentra entre el conjunto de vértebras.

Disnea ~ Sensación angustiosa de respiración difícil que puede ser producida, por ejemplo, por ciertas afecciones cardíacas, la ansiedad o un ejercicio agotador.

Diurético ~ Agente que aumenta el flujo de orina.

Endorfinas ~ Sustancias químicas producidas en el cerebro, que tienen propiedades para aliviar el dolor.

Esfínter ~ Músculo circular que cierra un orificio natural del cuerpo, por ejemplo el ano.

Esquelético ~ Perteneciente a la estructura ósea del cuerpo.

Estresor ~ Todo lo que produce estrés.

Estrógeno ~ Secreción endocrina que estimula la función reproductora de los órganos generativos femeninos.

Extensión ~ Movimiento que lleva a un miembro a o hacia una posición estirada. Lo contrario de flexión.

Fisiología ~ Estudio de los procesos y funciones del cuerpo humano.

Fisiológico ~ Relativo a la fisiología.

Flexión ~ Consiste en doblar un miembro o articulación sobre sí mismo. Lo contrario de extensión.

Glándula endocrina ~ Glándula cuya secreción (hormona) circula directamente en el flujo sanguíneo y afecta profundamente a varios tejidos.

Glándula tiroides ~ Glándula endocrina con dos lóbulos situada delante de la tráquea.

Glándulas suprarrenales ~ Dos glándulas endocrinas situadas encima de los riñones.

Hábitos posturales ~ La manera en que utilizamos el cuerpo y sus diferentes partes durante las actividades diarias.

Hiperventilación ~ Respiración excesiva, que ocurre en la respiración forzada y cuando se aumenta la respiración.

Histamina ~ Sustancia química que se produce cuando los tejidos se dañan.

Hormona ~ Sustancia química que se genera en un órgano y que la sangre transporta a otros órganos, en los cuales excita la actividad.

Ligamento ~ Cordón de tejido fibroso que une los huesos que forman una articulación.

Linfa ~ Es el fluido de sangre que pasa a través de las paredes de los vasos capilares para proporcionar nutrientes a las células de los tejidos.

Lumbar ~ Relativo a los lomos, o la parte de la espalda entre el tórax y la pelvis.

Membrana mucosa ~ Membrana que cubre los conductos y cavidades que comunican con el aire (como la boca y la nariz).

Metabólico ~ Relativo al metabolismo.

Metabolismo ~ Conjunto de todos los cambios físicos y químicos que tienen lugar en el organismo.

Mucosidad ~ Fluido pegajoso segregado por la membrana mucosa.

Músculo esquelético ~ Perteneciente a los músculos y el esqueleto o la estructura ósea del cuerpo.

Oxigenación ~ Proceso de mezclar o tratar con oxígeno.

Posparto ~ Que tiene lugar después del parto.

*Pranayama* ~ Ejercicios de respiración del yoga. Son ejercicios en los que se controla la respiración.

Prenatal ~ Que tiene lugar antes del parto.

Psiconeuroinmunología ~ Campo científico que investiga la relación entre los estados psicológicos y el sistema inmunológico. Este campo se basa en la relación cuerpo-mente y se extiende a las células.

Respiración ~ Inspiración y espiración.

Respiratorio ~ Perteneciente a la respiración.

Sacro ~ Hueso triangular que se encuentra en la parte posterior de la pelvis. Está formado por cinco vértebras soldadas.

Sacro ~ Perteneciente al hueso sacro.

Síndrome ~ Conjunto de síntomas típicos de una enfermedad determinada.

Sinovial ~ Perteneciente al líquido que lubrica las articulaciones.

Sistema inmunológico ~ Las defensas naturales del cuerpo contra las enfermedades.

Sistema linfático ~ Sistema de vasos y glándulas que transportan la linfa de los tejidos al flujo sanguíneo.

Sistema nervioso autónomo (SNA) ~ Es la parte del sistema nervioso que se ocupa de controlar las funciones involuntarias del cuerpo. Se divide en los sistemas simpático y parasimpático.

Sistema nervioso central (SNC) ~ Es una de las dos partes principales del sistema nervioso, que se compone del cerebro y la médula espinal.

Sistema nervioso parasimpático ~ Parte del sistema nervioso autónomo. Sus respuestas mejoran las actividades de «descanso y digestión» y ayudan a las funciones del cuerpo que conservan y restituyen la energía.

Sistema nervioso simpático ~ Parte del sistema nervioso. Cuando se activa, produce respuestas de «lucha o huida», entre ellas un aumento del número de pulsaciones y del ritmo de la respiración.

Sistémico ~ Perteneciente a la totalidad de un sistema o grupo de sistemas.

Suelo pélvico ~ Véase diafragma pélvico.

Supino ~ En posición tumbada sobre el dorso, con la cara hacia arriba. Lo contrario de boca abajo.

Sutura ~ Punto o serie de puntos que se utilizan para cerrar una herida.

Tendón ~ Haz de tejido fibroso que forma el final del músculo y lo une al hueso.

Tendones de la corva ~ Son tres músculos de la parte posterior del muslo. Flexionan la pierna y realizan la aducción (la llevan hacia el plano medio) y extensión del muslo.

Timo ~ Glándula endocrina compuesta de tejido linfoide, que se encuentra en el pecho, encima del corazón. Forma parte del sistema inmunológico.

Torácico ~ Perteneciente al tórax.

Tracto digestivo ~ Tubo que va de la boca al ano. Forma parte del sistema digestivo que incluye el estómago y los intestinos.

Tracto gastrointestinal ~ Véase tracto digestivo.

Urticaria ~ Erupción de la piel que produce picor.

Vascular ~ Compuesto de vasos sanguíneos o perteneciente a ellos.

Vértebra (vértebras, en plural) ~ Cada uno de los 33 huesos que forman la espina dorsal (columna vertebral).

Vías respiratorias ~ Conductos naturales para que el aire circule hacia dentro y fuera de los pulmones.

Vísceras ~ Órganos internos contenidos en una cavidad, especialmente los órganos abdominales.

# BIBLIOGRAFÍA

American Psychiatric Association. *Diagnostic And Statiscal Manual of Manual Disorders* (4ª ed.). Washington, DC: American Psychiatric Association, 1994

Anderson, Kenneth N., Anderson, Lois E., y Glanze, Walter D. (Eds.). *Mosby's Medical, Nursing, & Allied Health Dictionary* (5ª ed.). St. Louis: Mosby, 1998.

Black, Joyce M., Ph.D, RN, CPSN, CCCN, CWCN, Hawks, Jane Hokanson, DNSc, MSN, RN, C, y Keene, Annabelle M., MSN, RN, C. *Medical-Surgical Nursing. Clinical Management for Positive Outcomes* (6ª ed.). Philadelphia: W.B. Saunders, 2001.

Brena, Steven F., M.D. *Yoga & Medicine*. Baltimore: Penguin Books, 1972.

Carrico, Mara, y los editores de *Yoga Journal. Yoga Basics*. Nueva York: Henry Holt, 1997.

Chopra, Deepak, M.D. *Curación cuántica*. Barcelona: Plaza & Janés Editores, 1997.

Clínica Mayo, *Guía personal de la salud*. Barcelona: RBA Libros, 2002. Doctor, Ronald M., Ph.D., y Kahn, Ada P., Ph.D. *The Encyclopedia of Phobias, Fears, and Anxieties* (2ª ed.). Nueva York: Facts on File, 2000.

Hodgson, Stephen, M.D. (ed.). *Mayo Clinic on Osteoporosis*. Rochester, Minnesota: Mayo Clinic, 2003.

Hunder, Gene G., M.D. (ed.). *Mayo Clinic on Arthritis*. Rochester, Minnesota: Mayo Clinic, 1999.

Kendall-Reed, Penny, ND, y Reed, Stephen, MD, FRCSC. *Healing Arthritis*. Markham, Canada: Quarry Press, 2002.

King, John, M.D. (ed.). *Mayo Clinic on Digestive Health* (2ª ed.). Rochester, Minnesota: Mayo Clinic, 2004.

Krucoff, Carol, y Krucoff, Mitchell, M.D. *Healing Moves*. Nueva York: Harmony Books, 2000.

Kuvalayananda, Swami, y Vinekar, Dr. S.L. *Asanas de yoga*. Navarra: Ambrosía Ediciones, 2004.

McGilvery, Carole, Reed, Jim, Mehta, Mira, y Mehta, Silva. *Masajes, reflexioterapia y aeromaterapia*. Madrid: Ediciones Ágata, 1995.

Noble, Elizabeth, R.P.T. *Essential Exercises for the Childbearing Year*. Boston: Houghton Mifflin, 1976.

Pascarelli, Emil, M.D., y Quilter, Deborah. *Repetitive Strain Injury. A Computer User's Guide*. Nueva York: John Wiley & Sons, 1994.

Purna, Dr. Svami. *Yoga: primeros pasos*. Bilbao: Ediciones Mensajero, 2003.

Quilter, Deborah. *The Repetitive Strain Injury Recovery Book*. Nueva York: Walker and Company, 1998.

Rama, Swami, Ballentine, Rudolph, M.D., y Hymes, Alan, M.D. *Yoga y respiración*. Barcelona: RBA Libros, 2000.

Shivapremananda, Swami. *Yoga para el estrés*, Madrid: Gaia Ediciones,1998.

Siegel, Irwin M., M.D. *All about Bone: An Owner's Manual*. Nueva York: Demos Medical Publishing, 1998.

Sparrowe, Linda, con Walden, Patricia. *El libro del yoga y de la salud para la mujer*. Madrid: Editorial Edaf, 2004.

Stuart, Gail W., PhD, RN, CS, FAAN, y Laraia, Michele T., PhD, RN, CS. *Enfermería Psiquiátrica. Principios y Práctica* (8ª ed.). Madrid: Elsevier España, 2006.

Sutcliffe, Dr Jenny, MCSP. *El libro completo de la relajación y sus técnicas*. Barcelona: Editorial Hispano Europea, 1992.

Thomas, Clayton L., M.D., M.P.H. (Ed.). *Taber's Cyclopedic Medical Dictionary* (15th ed.). Filadelfia: F.A. Davis Company, 1985.

Tortora, Gerard J., y Grabowski, Sandra Reynolds. *Anatomía y fisiologia*. Madrid: Elsevier España, 1996.

Weil, Andrew, M.D. *8 Weeks to Optimum Health*. Nueva York: Alfred A. Knopf, 1997.

——. *La curación espontánea*. Barcelona: Edicones Urano, 1995.

Weller, Stella. *The Better Back Book*. Londres: Hamlyn, 2005.

——. *Yoga fácil y rápido para todo momento*. Madrid: Gaia Ediciones, 2006.

——. *Respirar bien para vivir mejor: aprenda a combatir definitivamente el estrés, la ansiedad y el cansancio*. Barcelona: Ediciones Oniro, 2000.

——.*Períodos sin dolor: medios naturales para problemas de menstruación*. Madrid: Editorial Edaf, 1988.

——. *Super Natural Immune Power*. Wellingborough, England: Thorsons, 1989.

Yogendra, Smt. Sitadevi. *Yoga Simplified for Women*. Santa Cruz, Bombay: The Yoga Institute, 1972.

# ÍNDICE ALFABÉTICO

*A mi amiga Kathleen Chen con afecto
y gratitud.*

Publicado originalmente en Gran Bretaña el 2006 por Collins & Brown
151 Freston Road Londres W10 6TH
Una publicación de Anova Books.

Título original: *Healing Yoga*
© del texto, Stella Weller, 2007
© del diseño y las fotografías, Collins & Brown, 2007
© traducción, Cristina Torrent, 2006
© de esta edición, RBA Libros, S.A., 2006
  Pérez Galdós, 36 - 08012 Barcelona
  www.rbalibros.com / rba-libros@rba.es

Primera edición: enero 2007

Composición: Anglofort, S.A.
Editora adjunta: Victoria Alers-Hankey
Editora: Jane Ellis
Diseñadora: Abby Franklin
Fotografía: Guy Hearn
Modelos: Jennifer Young y Sandra Jones
Asesora de yoga: Pagan Mace

ISBN: 84-7871-786-2
Ref. OAGO145

# AGRADECIMIENTOS

Muchas gracias a todas las personas que han colaborado en este proyecto. Estoy especialmente agradecida a: Polly Powell por haberme aconsejado amablemente a quién dirigirme; Victoria Alers-Hankey por haber trabajado juntas en armonía.

Quisiera dedicar un agradecimiento especial a Walter por su inestimable ayuda en cada fase del proyecto y a David por compartir generosamente sus conocimientos informáticos. Gracias también a Karl por su ayuda en la investigación y a Lora por su sincero interés.